Dante Alighieri
un poeta entre el cielo y la tierra

Teresa Porcella

Traducción del italiano de Melina Márquez

A Massimo y Paolo,
amigos y poetas entre cielo y tierra

Casals

Al ritmo de la vida

Clop clop, clop clop, clop clop, clop clop...

   A medio camino de nuestra vida
   me hallé perdido en una selva oscura...[1]

Clop clop, clop clop, clop clop, clop clop...

El caballo marca el paso; la mente, el pasado.
Los dos, caballo y mente, empiezan a estar cansados y a no soportar ya el peso de este cuerpo mío que se balancea sacudido por la fiebre, que más que apagarse, abrasa.

   A medio camino de nuestra vida
   me hallé...

Clop clop, clop clop...

   A medio camino de nuestra vida

---

1. El primer verso es de la traductora, ha sido adaptado para mantener el posesivo «nuestra» necesario para la lógica de la narración. El resto de los versos que aparecen en la narración pertenecen a la traducción de la *Comedia* de José María Micó publicada por Acantilado en 2018. (N. de la T.)

Cada vez, una palabra menos; cada vez, un dolor más.

Estoy intentando encajar el ritmo de las palabras al del trote, pero nada, pierdo el compás: la tierra falla.

Clop clop…

A medio camino…

Golpes de cascos y de acentos que se pierden en mi cabeza, en el aire…

Clop…

A medio…

Cl…

A…

No nos resignamos nunca a perder el compás, ni la tierra.

Nunca.

Sobre todo si eres un hombre que ha domado siempre palabras y caballos por vocación, pasión y profesión. Uno que en la batalla de Campaldino combatió entre los soldados ecuestres, determinando la victoria de los compañeros güelfos contra los enemigos gibelinos. Uno que siempre ha sabido doblegar sus sentimientos con los versos, capaces, ellos sí, de galopar entre tierra y cielo con la fuerza de un potro. Uno que se ha enfrentado a los políticos, de la facción opuesta y de la propia, con el mismo sentido del honor y la misma tenacidad imparcial que le han permitido tomar «partido por sí mismo». Uno que por haber cabalgado siempre a lomos de la dignidad, nunca podrá volver a su Florencia, sino que morirá en el exilio: sin familia, sin piedad, sin paz.

Uno que lleva por nombre Dante y por apellido Alighieri.

Este soy yo: el poeta laureado, el combatiente indefenso, el sabio consejero de Guido da Polenta.

Miradme ahora, en este septiembre de 1321, mientras vuelvo a Rávena, a casa de mi «patrón», mientras cuento pasos y palabras, ¡para darle ritmo incluso a la muerte!

Y esta vez no es una muerte literaria, sino la de verdad, que, al atravesar el cuerpo con cada escalofrío febril, me recuerda que el más allá está más cerca de lo que cualquiera pudiera imaginar. Incluso un poeta.

Y además, todo hombre nota cuando el camino de su existencia está en sus últimas: ¡cómo no lo voy a sentir yo, que creé mi mayor poema con la narración del viaje de la vida!

Lo sé, lo sé: por descontento y por oficio.

Y en mi opinión también lo sabe el caballo, puesto que procede con cautela, como para evitarme sacudidas y tropiezos que el camino de Venecia a Rávena esconde siempre con malicia.

Él lo sabe, yo lo sé… Cuidado, espectadores: ¡a caballo viene un aspirante a cadáver!

Casi me dan ganas de sonreír —si los escalofríos febriles me lo permitiesen— al recordar los versos iniciales de mi *Comedia*[2]. Los pulía con un esmero maníaco, porque quería que fueran el inicio perfecto de mi perfectísimo poema:

A medio camino de esta vida
me hallé perdido en una selva oscura
por apartarme de la buena senda.

Había escrito «esta», justo así: «esta vida..., me hallé».

Quería que estuviese muy claro que estaba hablando de mi vida, de mi selva, o de mi perderme en la política corrupta de Florencia. Y también que aquel «a medio camino» era una previsión exacta que yo atribuía a mi camino terrenal, porque seguramente, testarudo y combatiente como soy, habría vivido por lo menos hasta los setenta años.

Soberbia y presunción hechas hombre.

¿Quién puede saber cuánto durará la vida? Nadie.

Y soberbia y presunción se pagan, siempre.

De hecho, aquí estoy, a punto de morir, con solo cincuenta y seis años, no sé si a lomos de un caballo gentil o, si la fortuna me asiste, en una cama ofrecida por uno de los muchos señores que me han dado asilo durante este interminable exilio.

Por suerte, donde soberbia y presunción me han hecho perderme, poesía y fe me han salvado.

Desde entonces, mientras daba forma a aquellos primeros versos inmortales, intuí que el adjetivo «esta», que me mantenía anclado a la tierra pero alejado de

---

2. Título de la obra dantesca escrita en dialecto toscano. (N. de la T.)

todos, debía irse para dejar espacio a una palabra capaz de abrazar también a los demás. Eliminé, razoné y finalmente escribí: «nuestra».

Aquel ser humano perdido en la selva de la vida no era solo yo, Dante di Alighieri o degli Alighieri, con mi presuntuosa soberbia, sino la humanidad entera con todos sus pecados.

Yo era Dante y era la humanidad: yo mismo y todos los demás hombres que hubiesen querido perderse y salvarse. Porque todos, tarde o temprano, terminamos perdiéndonos por las sendas de la vida, creedme.

A medio camino de *nuestra* vida
me hallé…

Yo, Dante, empezaba mi viaje de salvación; ¡cualquier lector podría realizarlo conmigo!

Mientras terminaba de escribir la «a» de «nuestra» entendí que la poesía, la verdadera, permite salvarse en compañía de los demás.

Por eso le estoy agradecido. También ahora que muero, y que muero solo.

Porque mientras la mente puede hablar de los cuerpos de todos, el cuerpo se somete a una única mente, a una única alma, la mía, que en breve tendrá que ajustar cuentas consigo misma y con Dios. Pero también esto lo enseña la poesía: si de la vida no puedo saber la duración o los éxitos, siempre puedo marcar el ritmo.

Falla la tierra y falla la respiración, pero no dejaré de marcar el compás de los versos y de los cascos que van al ritmo del destino que me conduce hacia una meta que solo él conoce.

A *medio* clop clop,
camino clop clop,
de nuestra vida clop.

2

Empecemos desde el principio

—¡Corred, rápido! ¡Micer[3] Dante se encuentra mal!

Esa voz la habría reconocido entre mil, incluso desde lejos, incluso estando enfermo. Era la del señor Piero di messer Giardino, amigo y siervo fiel en esta corte de Rávena donde me hospedo desde hace ya dos años.

«Estoy en casa —pienso—, podré morir en paz.»

—¡Enseguida, ayudadme a bajarlo del caballo! Micer Dante, ¡que Dios os ayude! Estáis blanco como la pared. Estad tranquilo, ahora yo estoy aquí.

—Tenga cuidado, señor Piero, son fiebres malas y, me temo, contagiosas, tenga cuida...

Estas son las últimas palabras que recuerdo. Después debo de haberme desmayado y alguien debe de haberme ayudado, no sé cómo, a bajar del caballo. Por último, ese alguien debe de haberme desvestido y metido en esta cama donde el dolor y la fiebre parecen menos agresivos.

Abro los ojos, miro a mi alrededor. Por la expresión de mis familiares deduzco que es una ilusión: solo estoy más cómodo, moriré igualmente. Entonces comprendo

---

3. Fórmula de cortesía medieval equivalente a «señor». (N. de la T.)

que es la última ocasión para decir lo que nunca podré volver a mencionarle a nadie.

—Señor Piero, ¿dónde está? —pregunto en un tono ansioso.

Mi mujer, Gemma, y mis hijos, Pietro, Iacopo y Antonia, me miran sorprendidos y desilusionados: se esperaban que dijera algo para ellos.

—Quería darle las gracias, saber cómo está... —añado en un tono más bajo, como quien sabe que ha cometido una falta de delicadeza.

Gemma lo comprende (siempre comprende) y añade:

—Lo haremos llamar, Dante. Es justo que le des las gracias, ha estado aquí, a tu lado, noche y día, como se haría con un padre o con un hermano. Enseguida llega.

Después hace una señal a los chicos y salen. Yo los miro de la única forma en la que sabe mirar un padre y un marido que está a punto de dejarlos y eso es suficiente. Entre nosotros siempre ha sido así. El padre y el marido, que es el Dante de todos ellos, habla con los gestos; el poeta, que es el Dante del mundo, existe solo a través de las palabras.

Y ahora está claro para todos que quien tiene urgencia por hablar es el poeta, el padre ha dejado ya su testamento con la mirada.

—Micer Dante, ¿me habéis hecho llamar?

—Sí, Piero, gracias. Y no debes llamarme micer, ¿cuántas veces te lo he dicho?

Sonreímos, ese es nuestro juego. Solo quien no es florentino llama micer a uno como yo, que no tiene la investidura oficial de caballero. Piero lo sabe, pero es su modo de decirme que yo para él soy el más noble de entre los hombres y mi forma de regañarlo es mi modo de recordarnos, a él y a mí, que estoy en el exilio.

—¿Cómo puedo serviros?

—Piero, como siempre has hecho: queriéndome mucho, escuchándome y recordando lo que ahora te diré. Eres el único aquí que puede transmitir mi mensaje con la honestidad necesaria, porque eres un hombre libre, imparcial, porque no tienes nada de qué acusarme o de qué defenderte y, sobre todo, porque tienes una gran ventaja respecto de mis familiares: tu afecto por mí no lo sientes amenazado por el de nadie más. En una palabra: eres un hombre justo, Piero. Y yo, antes de irme, tengo necesidad de justicia.

Ahora Piero ha enrojecido. Leo en su cara el orgullo y el temor de haber sido elegido, más allá de cualquier previsión. Lo he preferido a él antes que a su señor, Guido da Polenta, a quien también le debo todo, e incluso que a mi familia, que es parte de mí. Piero se avergüenza, y yo sé que ese color bermejo es la marca de su pureza: puedo hablar tranquilo.

—Piero, voy a morir y no quiero dejar esta tierra sin que el mundo sepa quién era realmente Dante Alighieri. Quiero narrarte mi vida a ti, para que tú, a tu vez, puedas narrársela a quien te pregunte, diciendo la verdad sobre quién he sido y sobre cómo he vivido. Todo lo que he dejado escrito en mis obras servirá para confirmarlo, y lo que he callado es porque solo a oídos puros podía ser dicho y esos oídos son los tuyos. ¿Estás preparado para escucharme?

—No pido nada mejor, micer Dante. Vos sabéis que para mí este que me hacéis es el más grande de los honores.

—Bien, Piero, entonces empecemos. Y cuando quieras pregúntame también. Mientras las fuerzas me asistan, yo te responderé.

—Prometo que mis preguntas no serán inoportunas, micer Dante.

—Estoy seguro de ello, Piero. Empecemos desde el principio, como se debe. Yo nací en Florencia en 1265, cuando el Sol estaba bajo la constelación de los Gemelos...

—Perdonadme, señor, si os interrumpo enseguida, pero yo no soy bueno con estas cosas, eso significa que...

—Que nací en la segunda mitad de mayo de 1265, Piero. Pero, sobre todo, significa que mi signo zodiacal anunciaba que sería un hombre avezado en el uso del intelecto y, más concretamente, un hombre capaz de hablar en modo elegante y musical, es decir, un poeta.

—Perdonadme, micer Dante, pero mientras hablabais me he distraído contando, soy un hombre práctico... ¿Entonces tenéis cincuenta y seis años? Habría dicho menos, ciertamente.

—A lo sumo más, Piero, por cuanto he vivido creo aparentar bastantes más. Y quizá es por eso por lo que el Señor ahora me llama consigo. Pero volvamos a nosotros. Como te decía, nací en 1265 en Florencia, la espléndida ciudad que me fue arrebatada; y al año siguiente de mi nacimiento fui bautizado en mi querido San Juan. Piero, ¡no sabes qué imponente y asombroso es ese baptisterio! Si puedes, después de mi muerte, vete a verlo y allí piensa en mí como un niño recién nacido, empapado por el agua de la vida; y no como ahora, un hombre en su final que se refleja en la mirada de la muerte.

—Micer Dante, tenga por seguro que lo haré, porque la fama de vuestra Florencia y de sus iglesias es grande y poderosa como vos.

—Ahora entenderás, Piero, por qué la belleza entró en mí con el agua del bautismo... Esa agua con la que me dieron por nombre Dante.

—¿Era un nombre típico en vuestra familia?

—Sí y no. Llega por parte de mi madre, Bella degli Abati, porque por parte de mi padre, Alighiero di Bellincione, los nombres eran otros. Pero, de todas formas, Dante era un nombre difundido en mi Florencia en aquellos tiempos. Debes saber, Piero, que cuando yo nací, mi padre ya era un hombre mayor, tenía más de cuarenta años, y mi madre, aunque era más joven, murió pronto, cuando yo era aún un niño.

—Lo lamento mucho, micer Dante.

—Piero, tú sabes qué fácil es morir en estos tiempos. La mía no fue una suerte más triste o más rara que la de otros niños.

—Eso es cierto.

—Después de la muerte de mi madre, mi padre se casó en segundas nupcias con Lapa Cialuffi.

—¿Y tuvo otros hijos con ella?

—Sí, Piero, a mi hermano menor, Francesco.

—¿Ninguna hermana?

—También tuve una hermana, Tana, y, en cierta manera, al ser yo el mayor, tuve que hacer de padre para ambos, ya que mi padre también falleció cuando yo aún no tenía ni dieciocho años.

—La vida os enseñó enseguida a manejar el destino.

—El destino no se maneja, Piero, una prueba es mi enfermedad de hoy, pero se lee y se intenta interpretar, eso sí.

—Y vos, ¿qué leísteis en vuestro destino de entonces?

—Buena pregunta, Piero, buena pregunta. En aquel momento leí que debía casarme con Gemma, que tú bien conoces, porque nuestras familias, en 1277, cuando yo tenía poco más de doce años, firmaron el pacto de matrimonio. Ella es de los Donati, una estirpe que en Florencia marcó la suerte de muchos de nosotros, yo incluido. ¿Puedes creer que es la misma que quiso mi exilio? ¿Ves hasta qué punto es imprevisible el destino?

—Perdonadme, señor, pero no os sigo. Entiendo vuestro pesar, pero no comprendo bien qué sucedió.

—Tienes razón, Piero. Ahora intento explicarme mejor. Pero tú, mientras tanto, tráeme un poco de agua, porque si la cabeza arde, la garganta quema, y yo no consigo hablar.

Mientras veo a Piero echar un poco de ese líquido claro y puro, pienso que también él es como el agua que me prepara: benévolo y saludable. Un hombre y un agua tan diferentes de mi gente y de mi amado río Arno, que ha visto correr demasiada sangre y demasiadas luchas. ¿Seré capaz de explicarle bien a este hombre sin rencor y sin envidia cuántos sentimientos han habitado a los hombres de mi ciudad hasta dividirla sin remedio?

—Aquí tenéis el agua, micer Dante.

Bebo, dejo que bajen el refrigerio y el pesar. Solo olvidando los odios se puede narrar con justicia. Debo intentarlo, debo conseguirlo, por respeto a mí mismo y a este hombre puro: es mi última oportunidad.

Gibelinos y güelfos, blancos y negros

—El agua siempre ayuda, ¿verdad, micer Dante?

—Sí, Piero, el agua siempre ayuda. Bautiza también la muerte, no solo la vida, si nosotros queremos, y esto, ahora, a mí se me concede. Y no es poco, créeme. Bien, ahora intento explicarme un poco mejor, aunque entender las lógicas de mi ciudad no es fácil para quien no ha nacido allí.

—Micer Dante, creo que lo que vos pensáis de Florencia vale para cualquier ciudad y para cualquier corte. A quien no pertenece a un lugar, siempre le cuesta entender sus usos y costumbres. Pero después, al final, mira, investiga, analiza y escudriña, ¡y descubre que el hombre tiene siempre la misma alma allá donde se encuentre!

—No estoy seguro, Piero, ¿y sabes por qué? Porque nosotros los florentinos somos rencillosos y complicados en demasía, capaces de crear luchas y facciones incluso donde no hay razón para hacerlo. Y yo veo que no es así en todas partes. Créeme, conozco Italia.

Mientras hablo, me escucho: el odio aún está ahí. No consigo deshacerme de él. Quizá sea verdad y no sea cuestión de ser florentinos, sino de ser libres. Piero es indudablemente mejor que yo. «Al menos como moribundo

—me digo— debo dejarme contagiar por la pureza de un hombre honesto.»

—Quizá sea como dices tú, Piero, el hombre siempre es el mismo en cualquier lugar: solo hay que observar. Sin embargo, yo también creo que cada lugar es un escenario diferente y que condiciona los movimientos y el carácter de quien lo habita. Entender los alrededores del escenario ayuda a comprender las acciones de quien actúa en él, siempre.

—Bueno, micer Dante, si pienso en vuestra *Comedia*, no me cuesta entenderos. Allí cada lugar tiene un valor simbólico que vuelve más poderoso todo lo que narráis.

—Percibo con placer que ya anticipas lo que voy a decirte, Piero… Verás, Florencia ha sido y es un escenario suntuoso, rico y complejo, donde todo adquiere un significado no solo real, sino simbólico. Yo ese escenario lo conozco tan bien porque lo he estudiado y porque he vivido allí durante años. Creo que contártelo, al menos por lo que sé y por lo que he entendido, te ayudará también a ti a entender mejor no solo mis pensamientos, sino también los hechos y los acontecimientos que yo narro en mis obras.

—Sí, micer Dante, eso lo saben todos. ¡Un florín de oro vale una fortuna! ¿Sabéis?, aquí entre nosotros se usa decir que incluso los papas cuando necesitan dinero os lo piden a los florentinos. Y «quien le presta a un papa es más rico que un emperador», me decía siempre mi padre…

—Es justo así, Piero, es justo así. Por eso, en Florencia, nos sentimos todos emperadores, ¡hasta el más insignificante de los pueblerinos! Y ¿sabes por qué? Porque sabemos que se nos da mejor que a nadie manejar el dinero, producirlo y hacerlo circular. Somos muy conscientes de cómo puede cambiar la suerte en un instante gracias al dinero, para bien o para mal. Eso ha generado un orgullo y una vanagloria sin medida, hasta tal punto que los nuevos ricos se sienten importantes como si fueran nobles de antigua estirpe. ¡Como si la nobleza se pudiera comprar o como si dependiese de la riqueza que se tiene! ¿Entiendes? Confusión y codicia altiva, esto es lo que forja Florencia y ¡solo puede ir mal! Pero estoy yendo muy deprisa otra vez... Perdóname. Ahora realmente intento contarlo todo desde el principio.

—Yo estoy aquí y os escucho, micer Dante; no pido nada más que entender, y no tengo prisa.

—Tú no, yo sí. Porque Dios tiene prisa para llevarme de nuevo consigo... Escucha, ¿recuerdas quiénes son los güelfos y los gibelinos?

—Sí, micer Dante. Los primeros son los partidarios del papado y los segundos, los del Imperio. Me lo explicasteis en otra ocasión, cuando me leísteis el Canto X del Infierno, allí donde, entre los heréticos, aparece ese Farinata degli Uberti, noble gibelino presuntuoso y altanero que, os confieso, me impresionó mucho.

—¡Muy bien, Piero! Es justo eso. Pero, como habrás visto por mi narración, Farinata fue gibelino, hombre de armas y de honor y, aunque de facción adversa a la de mi familia (que era güelfa y que él derrotó, exiliando a algunos de mis parientes), yo le reconozco el ser un hombre que supo ir más allá de los intereses de su partido: luchó para defender Florencia de quien la quería destruir. Porque si es verdad que en la ciudad la pugna era entre güelfos y gibelinos, en Toscana había otras muchas poblaciones que habrían querido quitarle a Florencia la hegemonía sobre el territorio. Y entre esos que habrían querido ver desaparecer Florencia, ¡muchos se escondían incluso entre los aliados gibelinos de Farinata! Siena, por nombrar solo una, es lo único que esperaba. ¿Ves? El caso de Farinata es justo el que nos sirve para entenderlo. En Florencia, hace un tiempo, se batallaba entre güelfos y gibelinos, entre quien defendía el poder del papa y quien defendía el del Imperio, pero en realidad, la verdadera lucha era entre quien apreciaba la ciudad y quien pensaba en sus propios intereses, lo cual ocurría en ambas facciones. Y verás que esta confusión entre los ideales universales y los intereses propios continúa aún hoy, poniendo al mismo nivel a nobles y a pueblerinos más allá de cualquier diferencia de origen o de patrimonio. Y esta gran confusión no ayuda a entender de qué lado situarse...

—Micer Dante, no creo que Florencia sea original en eso. Quien hace política actúa así en todas partes...

—Piero, tú lo ves así porque no haces política y miras las cosas con simplicidad. Pero a quien se dedica a la política se le da bien complicar las cosas, hasta el punto de impedir que se pueda discernir con claridad qué aspecto tienen. Justo esto sucedió en mi ciudad, y la gente, yo el primero, no vio ni entendió nada realmente, porque había demasiada confusión alrededor. Me estoy perdiendo otra vez...

—Perdonadme, señor, ha sido culpa mía, que os he interrumpido. Seguid, por favor, contadme sobre los güelfos y los gibelinos.

—Entonces, como te decía, la lucha entre güelfos y gibelinos, que en realidad buscaban controlar Florencia, duró bastante tiempo, dividiendo la ciudad y a su gente. Brevemente, la última vez que los gibelinos ostentaron el Gobierno fue entre 1260 y 1266. Cada vez que una facción vencía, expulsaba a los representantes más importantes del otro bando y los mandaba al exilio fuera de la ciudad. Cuando podían, también les confiscaban sus bienes, a veces con razón, pero muy a menudo con acusaciones falsas o pretextos legales. En 1260, con la batalla de Montaperti, los gibelinos, en cuyas filas militaba Farinata, derrotaron a los güelfos, y algunos de mis parientes, además de otras familias güelfas, fueron expulsados de la ciudad.

—Recuerdo que se lo hacéis decir a Farinata...

—Sí, pero en 1266 (es decir, un año después de mi nacimiento), en la batalla de Benevento, todo cambió: los güelfos volvieron a ser los señores de Florencia y los gibelinos fueron expulsados definitivamente. Farinata lo entendió bien, ya que murió en el exilio, como me está sucediendo hoy a mí...

—Y entonces desde 1266 ¿en Florencia ha reinado finalmente la paz?

—No, Piero, esa es la cuestión. En Florencia no se sabe estar en paz, nunca. Cuando era niño quizá hubo una época un poco más serena, o quizá a mí me pareció así porque era demasiado joven para entender qué sucedía a mi alrededor. Pero después, los güelfos empezaron a luchar entre ellos hasta dividirse en blancos y negros, las dos facciones que causaron las luchas feroces de las que te hablaré después, porque tienen que ver con una época en la que yo me dediqué a la política, como bien sabes.

—¿Güelfos blancos y negros decíais, micer Dante? Y ¿en qué se diferenciaban, si todos eran güelfos? ¡Me parece que vos tenéis razón! Los florentinos son demasiado complicados para nosotros, los de Rávena.

—A ver, Piero, se entiende que Florencia es una ciudad donde el pueblo (los mercaderes, los exponentes de las Artes…) tiene un poder notable, porque produce constantemente riqueza. Y si uno empieza a contar económicamente, claro que no quiere verse aislado políticamente: pretende tener su papel en el Gobierno de la ciudad. En Florencia, por lo tanto, los representantes del pueblo no estaban tranquilos, no querían que los magnates y los nobles los excluyesen de la vida política. Los nobles, al estilo de mi ciudad, intentaron garantizarse el poder de dos formas: quién aliándose con el pueblo, quién enfrentándose a él ferozmente. Facciones, Piero, otra vez facciones.

—¿Güelfos blancos y güelfos negros, decís?

—Sí, Piero. Los primeros, los blancos, los que pactaron con el pueblo y con los gibelinos derrotados (que claramente no habían desaparecido del todo), estaban capitaneados por la familia Cerchi, más concretamente por Vieri de' Cerchi. Los Cerchi se hicieron ricos en tiempos recientes y, por carácter, son más partidarios del comercio y de los acuerdos que de la lucha, por eso preferían mediar que actuar por la fuerza. Sin embargo, los segundos, los negros, no tenían ninguna intención de cederle nada al pueblo y se aferraban a sus privilegios. Estaban capitaneados por la familia Donati, de antigua nobleza, que, no obstante, poseía ya más insolencia que riqueza. Al frente de los negros estaba Corso Donati, hombre despiadado y un completo enemigo del pueblo que tenía solo un objetivo: ser el señor indiscutible y más poderoso de Florencia.

—Perdonadme, micer Dante, pero ¿este micer Corso Donati era, por casualidad, de la familia de vuestra mujer? ¿Tiene que ver de algún modo con quien os expulsó de Florencia y os mandó al exilio?

—Sí, Piero; aunque primos lejanos, es de la familia de mi mujer...

—Debo deducir de ello que vos no solo fuisteis un güelfo blanco, micer Dante, sino uno de los que dentro de su partido importaba, si os expulsaron con tanta crueldad...

—Lo fui, Piero, pero con el tiempo entendí que era mejor tomar partido por mí mismo que apoyar estas luchas de poder, enmascaradas de cruzadas por la justicia.

—Bien lo entiendo, micer Dante, porque os conozco como un hombre que está por encima de los partidos, incluso cuando os enfadáis, lo que, perdonadme, no es poco frecuente... Aunque, debo admitir, lo hacéis siempre por razones de justicia general y nunca por interés personal.

—Estas palabras tuyas, Piero, me confortan más que el agua que me acabas de traer. No sabes cuánto te lo agradezco. Cof, cof, cof.

El recuerdo y la emoción se enmascaran de tos...

—No os canséis, os lo ruego. Descansad, hacedme caso. Continuaremos después.

—No existe un después para hablar del que pueda fiarme, Piero; mientras que probablemente haya un larguísimo después en el que no haré más que reposar y a buen seguro callar...

—No digáis eso...

Dejo de hablar, nos miramos. Piero ahora también calla, no puede mentir: un hombre justo nunca miente. Como mucho no dice la verdad, pero no miente. Veo que está indeciso, por fin habla:

—Micer Dante, vos no callaréis nunca, porque vuestra poesía hablará siempre. Yo esto lo sé —susurra casi con aire de desafío a la vida que se burla de nosotros.

Es la primera vez que vislumbro también en Piero el sentido de la injusticia. Lo tranquilizo:

—Piero, mi poesía hablará mientras haya bocas y orejas de hombres como tú capaces de pronunciarla y escucharla como debe ser. Pero ahora dime: ¿has entendido mejor lo que quiero decir sobre Florencia?

—Quizá sí, quizá empiezo a entenderlo. No debe de haber sido fácil crecer en una ciudad así para alguien como vos.

—No, no fue fácil, aunque, mientras fui niño, pude gozar de toda la belleza de esos lugares con la pureza de la infancia, que, como sabes, es grande.

—Sí, micer Dante, y tanto. Es sobre vos niño, y también joven, sobre quien me gustaría saber más, si puedo haceros esta petición.

—Claro que puedes, Piero. Es más, debes. ¿Ves? Llevas el diálogo hacia esa buena senda en la que yo, con mis divagaciones, sigo perdiéndome. Por lo tanto, te hablaré de un pequeño micer Dante, un niño entre niños y niñas, y también de un micer Dante joven entre chicos y chicas. Un Dante que, por la gracia de Dios, descubre qué es Amor y desde entonces cambia su vida. Porque decir «Dante» es decir «Amor», Piero. Esto te lo quicro contar. Cof, cof, cof. La tos me vuelve a delatar...

Se abre la puerta: es Gemma, que se asoma para ver cómo estoy. Seguro que ha escuchado la tos, y también mis últimas palabras, me temo...

—¡Piero! —Su voz es baja pero decidida—. Creo que debéis dejar reposar a mi marido. Está cansado.

Él me mira, busca en el velo agotado de mis ojos un atisbo que le ayude a dar una respuesta a mi mujer. Pero yo no lo miro y giro la cabeza hacia ella: es a mí a quien toca responder.

—Gracias, Gemma —digo con voz débil y decidida también—, siempre tan amable. Estoy cansado, es verdad, pero lo estaría aún más si no consiguiese transmitir a Piero estas últimas cosas que me apremian en la garganta. Déjanos solos algunos minutos más. Después, prometo que descansaré.

Ella lo entiende, sigue entendiéndolo siempre. Después retrocede y desaparece, tirando hacia sí de la puerta con una delicadeza comedida.

—¿Tendréis palabras también para ella? —me pregunta Piero sin reparos nada más desaparecer Gemma de la vista.

No respondo enseguida, entrecierro los ojos, inspiro lentamente y después, con avidez, dejo escapar el aliento:

—Son las palabras las que eligen a los poetas, Piero, no los poetas a las palabras.

Esta vez no debo pedirlo, Piero se levanta y me ofrece en silencio otro vaso de agua.

Hay que lavar los recuerdos y el alma para poder hablar en paz.

Beatriz, o sobre el amor sin fin

—La casa donde nací, Piero, era bonita, como son bonitas las casas en las que se ha vivido feliz durante la infancia. Se encontraba en el *sesto* de San Pier Maggiore y pertenecía al *popolo* de San Martino.

—Perdonadme, micer Dante, pero no os entiendo. ¿Estaba en San Martino o en San Pier Maggiore?

—Perdona, Piero, tienes razón, para vosotros no funciona como en el lugar de donde yo vengo. Intento decírtelo de forma comprensible: mi casa estaba en el barrio de San Pier Maggiore y pertenecía a la parroquia de San Martino, una iglesia pequeña, pero para nosotros muy importante. ¿Mejor?

—Mejor.

—Verás, Florencia está dividida como en seis porciones, a cada una nosotros la llamamos *sesto* (vosotros diríais barrio, ¿no?), y dentro de cada *sesto* están los *popoli*, o las parroquias, que para nosotros son muy importantes. Para indicar dónde vivimos, los florentinos siempre aclaramos estas dos cosas: el *sesto* y la parroquia.

—Ahora, clarísimo.

—Y ¿sabes una cosa? En el *sesto* de San Pier no vivíamos solo los Alighieri, sino también los Cerchi y los Donati…

—Micer Dante, realmente parece que el destino haya querido jugar con vos.

—Más de lo que te imaginas, Piero, ya que en el mismo *sesto*, pero en la parroquia de Santa Margherita, justo al lado de la nuestra de San Martino, vivía también otra familia que marcó mi destino más profundamente que los Cerchi y los Donati.

—Dios mío, micer Dante, ¿qué otra desgracia me vais a narrar? Ahora temo vuestras palabras.

—Ninguna desgracia, Piero, más bien la mayor de las riquezas, aunque también trajera consigo el mayor de los dolores: la pérdida de quien se ama…

—Me parece que empiezo a comprender…

—Sí, Piero, en el *sesto* de San Martino vivían también los Portinari o, más bien, vivía Amor.

—Vuestra Beatriz, micer Dante, la de la *Comedia*, ¿era una Portinari?

—Sí, esa Beatriz por la que he vivido y escrito durante toda mi vida, a partir de la Vida Nueva, era una Portinari. Era hija de Folco di Ricoverino Portinari, un hombre rico y conocido en Florencia, casado con una Caponsacchi, una noble de origen gibelino. Folco Portinari estaba unido a los Cerchi, al igual que nuestra familia. De hecho, él y mi padre se conocían.

—Perdonadme, micer Dante, pero a mí más que saber de las familias, me interesa descubrir cómo conocisteis a Beatriz.

—Ah, Piero, aún hoy, de solo pensarlo, siento que el corazón se me sale del pecho y casi podría derrotar a la muerte, si no esperase, al morir, volver a encontrarla en breve en el Paraíso. Y no en una ficción, como en mi poema, sino de verdad, ¡aunque tuviese que expiar mil años en el Purgatorio antes de conseguirlo!

—No os agitéis, micer Dante, os lo ruego. Acomodaos mejor sobre los cojines y no os canséis.

Ahora, esos cojines que Piero sacude y levanta para hacerme de espaldera son realmente necesarios para sostenerme, porque el esfuerzo de hablar es tan grande como la fuerza del recuerdo. Él me ve enrojecer, a mí, al poeta de los versos inmortales, y no es la fiebre la que me enrojece el rostro. Sonríe y calla. Y yo, en ese gesto, vuelvo a encontrar la confianza para hablar.

—Tenía casi nueve años, Piero, era la calenda de mayo de 1274.

—¡El 1 de mayo! ¡La fiesta de la primavera! Micer Dante, no parece verdad…

—Es así, Piero. En aquel día en el que, gracias a las flores, a su perfume y a sus colores, es aún más bonito celebrar la vida, yo conocí a Amor. ¿Es necesario que te explique que nada representa mejor la vida que el amor?

—No, micer Dante, no. Yo también soy hombre y he estado enamorado…

—Bien, entonces no desperdicio mi aliento inútilmente. Fue así: para la calenda de mayo, Folco Portinari había decidido dar una fiesta en su casa y había invitado a los vecinos. Entre estos se encontraba también mi padre, que había aceptado y había decidido llevarme a mí. Cuando llegamos, la casa de los Portinari estaba toda adornada para la fiesta, y llena de comida y bebida que atrajo mi atención. Me quedé concentrado observando todos esos bienes de Dios y no le hice caso al resto. Después del primer plato, los niños, cansados de estar con los adultos, decidimos ir a jugar. Fue entonces cuando la vi y escuché pronunciar por primera vez su nombre. «¡Beatriz!», era su padre quien la llamaba. Me di la vuelta para ver quién llegaba y apareció ella: bella e inesperada, pequeña y luminosa. Miró a su padre con la intensidad de una pantera y, sin embargo, su piel era clara y resplandecía sin descanso dentro de un vestidito rojo rubí que hacía de ella ¡la más carnosa de las flores y la más caliente de las llamas! «Beatriz, ¡ven aquí!», repitió Folco. Solo Dios sabe cuántas veces me he repetido a mí mismo aquella frase, soñando poder decírsela un día a ella con la entonación justa, no la autoritaria de un padre que ordena, sino la sugestiva de un amante que invita.

Piero sigue callado y me mira, no hay lugar para preguntas cuando hay emociones. Hay que esperar a que se pasen para empezar a preguntarse algo. Lo observo con gratitud y misterio: él, ahora, está sintiendo lo que yo sentí, el estupor de amor. Quién sabe a quién se dirige ese sentimiento que leo en su rostro. ¿Qué nombre tendrá esa Beatriz que la mía le ha evocado y a la que yo no conozco? Continúo la narración.

—Pero esa frase yo a ella nunca pude pronunciársela, Piero, porque, como sabes, el destino me tenía reservadas otras cosas.

—¿El matrimonio con vuestra mujer? —me dice, rompiendo por un momento el hilo que nos había mantenido unidos hasta aquí.

—No, Piero, no. Eso llegaría después, aunque nuestras familias lo hubiesen decidido cuando nosotros teníamos poco más de doce años. Pero no está relacionado con esto. Como sabes, los matrimonios se acuerdan por interés. Al menos en Florencia funciona así.

—No solo en Florencia, micer Dante. Raramente se consigue uno casar con quien realmente ama, y parece que esta suerte sea más fácil entre los pobres que entre los ricos, donde siempre se están repartiendo bienes y dotes. Aunque a veces sucede que quien nos ha tocado en suerte se vuelve con el tiempo una mitad ideal.

—En cierta manera, para mí fue así con Gemma, en los límites de lo posible. Pero esta vez el que ha cambiado de tema has sido tú, Piero. Dejemos el matrimonio de lado. Verás, el amor del que te hablo, el que he sentido y siento por Beatriz, es algo que va más allá de cualquier discurso sobre matrimonios. Porque es un amor que va más allá de la posesión, es algo que se asemeja al amor por Dios, algo que nos hace más nobles y puros y que no nos abandona ni siquiera después de la muerte.

Ahora sí, veo a Piero mirándome con el gesto de quien piensa que mi discurso es el inicio de un delirio.

Y quizá no se equivoque, porque hablar de un sentimiento tan grande va más allá de las capacidades racionales de muchos hombres, y quien no es poeta o místico puede ser que lo confunda con locura. Pero yo esto lo aprendí de joven y sé bien cómo hablar de amor incluso a quien no es de mi profesión. Lo comenté muchas veces con Guido, con Lapo y con Casella: ¡mis amigos poetas y músicos de otro tiempo! También ellos tenían este mismo problema: definir qué era el amor. Y también ellos vivían a medias entre el placer y el dolor, incapaces de escapar de este sentimiento. Qué nostalgia siento ahora, al recordar sus personas, sus palabras…

—Micer Dante, eh, ¡micer Dante! ¿Todo bien? ¿Traigo más agua? ¿Queréis que llame a vuestra mujer?

—No, Piero, no. Perdóname, es que el pensamiento a veces vaga y divaga y se encamina por sendas que nunca ha abandonado.

—Perdonadme, quizá no debí preguntaros por aquel encuentro; me parece entender que para vos aún es brasa encendida en el pecho.

—Oh, sí, lo es, y será así para siempre.

—Lo comprendo, micer Dante, lo comprendo.

—No, no puedes comprender cómo yo seguí pensando en Beatriz durante años. Seguía recordándola, imaginándola, soñándola y deseaba verla con el mismo ardor y la misma necesidad con la que he deseado el agua que hace poco me has dado, Piero. Daba vueltas buscándola, sin saber dónde ni cuándo podría encontrarla, pero siempre y solo para seguir los dictámenes de Amor, que me ordenaba hacerlo.

—¿Y lo conseguisteis?

—¿Me creerás, Piero? ¡Necesité otros nueve años! No era fácil encontrarse entre chicos y chicas en Florencia, porque a las mujeres, en cuanto crecen, se las mantiene encerradas en casa bastante a menudo. Después, cuando se casan pueden salir de nuevo, pero siempre acompañadas por alguien, se entiende.

—¿Queréis decir que la volvisteis a encontrar cuando ya estaba casada?

—Desafortunadamente, sí, Piero. Era 1283 y ella, de nuevo, apareció ante mí de la nada, mientras caminaba por la calle en compañía de otras dos mujeres. Esta vez, su vestido era blanco y cándido como un lirio, como la pureza de su corazón y del mío. Fue ella la que me vio y me saludó.

—O sea, ¿os reconoció y os llamó por vuestro nombre? Pero entonces, micer Dante, también ella debía de haber pensado en vos durante todo ese tiempo. Si después de nueve años aún se acordaba de cómo os llamabais, ¡Beatriz debía de haberos amado de alguna manera!

—Fue lo que yo también pensé, Piero, y puedes imaginar lo que se desencadenó en mi pecho. ¿Te imaginas la escena? Antes de que abriera la boca, yo me había hecho el tonto, fingiendo no verla por vergüenza. Después, en cuanto ella me saludó y yo sentí por primera vez el sonido angelical de su voz, me quedé tan anonadado que enmudecí. Al final, presa de una especie de locura, corrí a casa como una liebre y me encerré en mi habitación. No quería ver ni hablar con nadie: solo me apetecía pensar en ella, en su mirada, en su saludo. Para mí aquel encuentro fue como viajar realmente a los cielos más altos: lo que digo del Paraíso en mi *Comedia* nace de ahí, Piero, de aquella voz que aún me dicta las palabras de mis versos más bellos.

—Vos teníais dieciocho años y ella diecisiete, si no yerro en las cuentas, micer Dante.

—No, no yerras.

—Erais dos jóvenes que aún podían amarse, ¿no? Ah, claro, ella estaba casada... ¿Y con quién? Perdonad mi curiosidad poco delicada.

—Con un tal Simone de' Bardi, un banquero rico. Pero esto cambia poco, Piero. Aquel hombre se había casado con ella solo por intereses políticos, como demuestra el hecho de que en cuanto ella murió, él tomó otra esposa, esta vez por intereses económicos. Pero no obviemos el hecho de que yo era incapaz de acercarme a ella, porque la respetaba demasiado y porque era demasiado grande lo que sentía por ella. Tan grande que necesitaba entender qué era y cómo domarlo.

—¿Y lo conseguisteis?

—Lo intenté. No a solas, por suerte. En aquellos años, había comenzado una nueva moda entre los poetas: *ragionare d'amore*, en vulgar florentino y no en latín.

—¿Qué significa?

—Significa que junto a mis amigos poetas y músicos de entonces (Guido Cavalcanti, Casella y otros que aquí no nombro para no aburrirte) hablábamos de amor, de cómo nace, de cómo crece y de qué se debe hacer para ser dignos de él. Buscábamos entenderlo y encontrar las palabras justas para hablar de él en nuestra lengua. Cuando encuentras las palabras adecuadas en tu lengua madre, Piero, todo cobra sentido también dentro de ti.

—Eso es verdad. Yo, por ejemplo, ciertas cosas solo las sé decir en dialecto de Rávena, y si lo pienso un momento, normalmente se trata de insultos o palabras de amor...

—¿Ves?

—Bueno, de todas formas, micer Dante, me parece que poseéis una gran fortuna al tener amigos así, con los que compartir las palabras de un sentimiento tan complicado.

—Sí, Piero, una gran fortuna. Fue gracias a los versos que intercambié con ellos como empecé a entender la potencia de un amor que sabía ir más allá del deseo y que quizá era símbolo del amor que sentimos por Dios o de una fe pura, que sospecho que es cada vez más rara entre los hombres.

—Os escucho y os envidio, micer Dante. Aunque no debería decirlo, yo no creo ser capaz de un amor así.

—Lo eres, Piero, ya lo creo que lo eres. ¡Basta ver lo que ahora estás haciendo por mí!

—No me hagáis enrojecer de nuevo, os lo ruego, micer Dante. Pero decidme, ¿a Beatriz no la volvisteis a ver?

—Lo intenté. Y pensé también que lo habría conseguido. Eso ocurrió alrededor de seis años después, cuando murió su padre, concretamente el 31 de diciembre de 1289. Sabía que estaba muy unida a él y entendí el gran dolor que debía de estar sufriendo, así que, contra todas las reglas de nuestra ciudad, que imponen que en casa del muerto no puede entrar ningún hombre, sino solo las mujeres que saben rezar y cantar, yo intenté colarme allí. Pero me impidieron el paso.

—Debe de haber sido duro no poder consolarla en un momento así..

—Más duro fue, pocos meses después, no poder ser yo consolado, mi querido Piero, porque la que murió fue ella: Beatriz.

—¿Cómo?

—Sí, el 19 de junio de 1290, con solo veinticuatro años, Beatriz dejó de habitar esta tierra y el dolor arraigó en mi interior.

Esta vez no hay agua que ofrecer, cojín que acomodar, mirada que dirigir que pueda responder a mis palabras. Veo a Piero, que hasta este momento había permanecido sentado a mi lado, levantarse en silencio y después arrodillarse junto a la cama.

—Y por eso decidisteis decir sobre ella «lo que nunca antes se había dicho sobre ninguna otra». Porque solo cuando encuentras las palabras justas en tu lengua, las cosas se aclaran en tu interior...

—Ahora sí, Piero, ahora sí descansaría encantado un poco, porque narrar y recordar cansa. Lo entiendes, ¿no?

Una paloma, una hija y un sueño

Toc toc.

Giro lentamente la cabeza hacia la ventana, es de ahí de donde llega el ruido.

Toc toc toc toc toc toc.

Se vuelve más insistente. Pero no es indiscreto. Es alguien que llama con suavidad.

Blanca, blanquísima, me mira desde el alféizar.

Las plumas son de nieve, el pico, de oro, de plata las patas menudas.

Toc toc toc toc toc toc toc toc toc toc toc toc.

El ritmo nace sobre el cristal que nos separa, cuando ella, inclinando la cabeza, apoya el pico brillante para tocar su melodía de reclamo.

La miro intensamente, en silencio. No son el dolor o la fiebre los que me hacen callar, sino el estupor y el placer los que mantienen prisionera mi voz. Sus ojos miran fijamente los míos.

Siempre en silencio, tiendo la mano hacia ella en señal de saludo y de bienvenida, pero no consigo levantarme, las piernas no me sostienen y no puedo abrir la ventana.

Ella lo entiende y hace lo que puede y debe: pasa a través del cristal sin romperlo, como hace la luz del sol cuando viene a buscarnos a nuestra habitación por la mañana para recordarnos que todas las vidas tienen su esplendor.

Ahora está aquí, vuela por la habitación planeando con elegancia. Sube, baja, vuelve a subir, roza la silla, el escritorio, la cama, pero nunca el suelo: ella sabe que la tierra no le pertenece.

—¡Dante! ¡Dante!

Intento seguir sus movimientos y hablar, pero mi cuerpo es lento, mi lengua también.

Ahora ella está aquí, cerca de mí, ¡siento el frescor de sus alas al batir cerca de mi rostro!

—Beatriz, ¡paloma mía! —consigo susurrar.

—No soy Beatriz. Soy Antonia, padre. No os agitéis, os lo ruego.

Fijo mi mirada en el rostro que me habla: es realmente mi hija. Tiene en las manos un folio de pergamino y lo agita cerca de mi rostro para refrescarme.

La miro desilusionado. Me mira preocupada.

—¿La paloma dónde está? —pregunto.

—No hay ninguna paloma, padre. —Y mueve la mano dibujando un semicírculo que indica que el espacio de alrededor está vacío.

También el tono es de quien no admite réplicas, incluso en el dolor de tener que decir una verdad.

—Habréis soñado —añade después, con un tono más tranquilizador, intentando sacudir la desilusión que sigue invadiendo mi rostro—. La fiebre es alta y…

—Pero yo la he visto, ¡estaba aquí y me miraba, Antonia! Créeme.

—Os creo, padre, pero a veces los sueños son tan intensos que parecen reales. Bien lo sabéis vos, que de visiones y de sueños entendéis.

Me sonríe como siempre que quiere hacerme entender que mi fantasía es excesiva y que a veces toca a los hijos hacer de padres. Después me acaricia el rostro, su mano está fresca.

—Antonia, ¿puedo ver ese folio que tenías en las manos para abanicarme?

—Aquí lo tenéis, padre.

Lo acaricio, como habría querido hacer con la paloma blanca, de cuya imagen no consigo alejarme, aunque me digan que está solo en mi mente.

Claro, el folio no es tan cándido, el pergamino nunca lo es. Pero al pasar la mano por el lado de la carne —el más pulido— encuentro ese placer que siempre obtengo antes de empezar a escribir, cuando aliso el folio que está a punto de convertirse en la balsa que llevará a salvo mis pensamientos por el mundo.

—Antonia, te lo ruego, escribe aquí.

—Enseguida, padre.

Va rápidamente a coger el tintero y la pluma. Antonia escribe bien. Ha estudiado, al igual que sus hermanos; incluso más. Estoy orgulloso de ella. No solo porque es culta, sino porque me entiende como nadie más en casa. Nunca interrumpe mis silencios, ni yo los suyos. La nuestra es la más grande de las complicidades, la que a menudo no necesita palabras. Nosotros dos lo sabemos.

Recito con seguridad y con una fuerza inesperada:

—Como paloma por aire llevada
apareció la mujer, mi Beatriz.
Cándido el cuerpo, de patas plateada,
con pico de oro cual emperatriz.
Vino a mí y me dijo es la hora
de volver con ella, al cielo, feliz.

—Padre, un poco más lento, que no consigo seguiros…

—¡Es que no tenéis que seguirlo! ¡Se acabó escribir!

La voz es la de Gemma. El reproche es para ambos.

Antonia, rápida, esconde el pergamino. Su madre alarga la mano abierta con el gesto de quien reclama:

—¡Dámelo! Este me lo quedo yo.

Agarra fuerte el rollo de pergamino, como si fuera un cetro. Después, dirigiéndose a mí:

—Veo que estás mejor, ¡si consigues incluso componer versos! Pero debes recuperar las fuerzas. El trato era que hablarías con Piero o descansarías. No me parece que sea el momento de ponerse a escribir.

Estoy a punto de responder pidiendo perdón como el que no consigue evitar hacer algo que no debe, pero Piero entra y me salva.

—Sí, doña Gemma, micer Dante debe descansar, pero si quisiera seguir contándome, yo estoy preparado. Y, si se me permite, ver que la señorita Antonia es capaz de escribir tan bien es para mí motivo de estupor y de admiración. En mi casa, mis chicos van más lentos, ¡quién sabe por qué!

—Porque en Florencia se aprende rápido a escribir y a contar, ¡mi querido Piero! Y ahora, visto que habéis vuelto, Antonia y yo salimos, pero los tratos son los tratos.

No lo agotéis mucho, que la fiebre es alta y estamos en ese punto en el que cree que los sueños son reales…

—Claro, doña Gemma, haré como decís.

Las dos salen. Mi hija me sonríe.

Solo ella.

6

¡El más bello de los sueños es haberte soñado!

—Os quiere mucho vuestra chica, ¿eh, micer Dante? Apenas os habéis dormido y he salido para comer algo, ha querido estar cerca de vos. No se ha movido en todo este tiempo.

—¿Cuánto ha sido, Piero? No consigo llevar la cuenta del tiempo que pasa.

—Diez horas, micer Dante; habéis dormido diez horas.

—¿Tanto? Tenía la sensación de acabar de dormirme...

—Es cosa de la fiebre. Pero decidme, ¿qué significa lo que ha dicho vuestra mujer de que pensáis que los sueños son reales?

—Ah, nada. He tenido un sueño maravilloso, tanto que ahora, realmente, no me importa morir; es más, casi tengo ganas. Se me ha aparecido Beatriz en forma de paloma: una paloma blanca, bellísima, con el pico de oro y las patas de plata.

—Y ¿qué hacía?

—Ha entrado aquí, atravesando el cristal de la ventana sin romperlo y, mientras planeaba por el aire, me llamaba, decía justo mi nombre: «¡Dante! ¡Dante!».

—Micer Dante, ¿vos sabéis qué significa este sueño?

—Claro. La paloma blanca es Beatriz, que es el símbolo del Espíritu Santo y de una fe pura. El hecho de que haya llamado al cristal significa que quiere atención.

—¿Y el hecho de que haya atravesado el cristal sin romperlo?

—Eso significa que de su mundo, el celestial, pasa momentáneamente al nuestro, el terrenal, para invitarme a seguirla. Si eres un espíritu, la materia no es un obstáculo...

—Claro. ¿Y el pico de oro y las patas de plata?

—Indican que mi poesía, que el Espíritu me ha dictado y que yo he pronunciado con la boca y escrito con las manos, es valiosa; y que ella, Beatriz, y, por tanto, el Espíritu Santo y Dios, la aprueban hasta tal punto que la sienten como parte de sí mismos.

—Qué bien interpretáis las cosas, micer Dante. Las reales y las soñadas.

—Los sueños, Piero, dicen bastante a menudo verdades más grandes que los hechos. Saberlos interpretar, saberlos entender, es importante. ¡Recuérdalo!

—Sí... Pero continuad, os lo ruego.

—Claro, Piero, concluyo. El último detalle, el que me hace tener esperanzas al dejar este mundo, es el siguiente: Beatriz me ha llamado por mi nombre. ¿Sabes qué significa eso? No solo que me reclama en la otra vida, sino que también mi nombre resonará en la tierra después de mi muerte, en muchos lugares y ¡durante muchos años!

—Yo de eso estoy seguro, micer Dante, también sin vuestro sueño, y no porque os quiero, sino porque vuestra poesía es inmensa.

—Piero, como sabes, no tiene nada que ver. La envidia destruye tantas cosas... En fin, justo estaba dictándole esto a Antonia cuando ha entrado Gemma, que nos ha interrumpido.

—Y después he llegado yo, que la he interrumpido a ella y sus reproches...

Piero sonríe, yo con él.

—Claro que vuestra mujer debe de tener mucha paciencia con vos... Pero vuestro sueño es potente, como vuestro arte. Estoy seguro de que también ella entiende lo que significa y cuán importante es para vos. Os confieso que, ahora, yo también empiezo a entender un poco más vuestras simbologías y, sobre todo, qué fue y qué es aún Beatriz para vos.

—Es la fe, es la luz de Dios, es la teología, es el amor de lo que es más grande que nosotros... ¿Entiendes cuántas cosas veo en ella, Piero? Por eso, ella es para mí sinónimo de paz. Ahora más que nunca.

—Entiendo... Y creo que vuestra hija es la que, de todos nosotros, ha entendido más que ninguno.

—Sí, Piero, es así. Antonia es una mujer de fe y sabe reconocer la presencia de Dios allá donde se manifieste. Con ella no necesito explicar nada. Te revelaré un secreto.

—Decidme.

—Antes de que yo me fuera de misión a Venecia, me confesó que quería hacerse monja.

—¿Y vos qué le dijisteis?

—Que debía pensarlo bien y que si no estaba segura no debía hacerlo. Al Señor se le puede servir de muchas formas.

—Claro.

—Pero lo que me sorprendió no fue eso.

—¿Entonces qué?

—Me dijo que si lo hacía, el nombre que tomaría sería el de Beatriz: sor Beatriz. ¿Entiendes?

—Entiendo que os quiere mucho, y que en vos ama al hombre y al poeta.

—No solo eso. Significa que la luz de Beatriz también ha llegado hasta ella. Antonia es la mejor hija que uno pudiese esperar. Y estoy seguro de que el sueño se ha producido cuando ella estaba aquí no por casualidad. Dios sabe que en Antonia se puede confiar... ¿Sabes, Piero? En ciertas cosas me recuerda a mí mismo a su edad, aun con todas las diferencias que puede haber entre un chico ávido de gloria y conocimiento como yo era y una mujer tranquila y curiosa como ella.

—Y entonces ¿en qué os recuerda a vuestra juventud?

—En el amor por el estudio y la sabiduría; en el deseo de experimentar todos los ámbitos del conocimiento, para después saber elegir entre todos ellos el camino que más se asemeja a ti y que te llevará a Dios; y en la determinación de recorrer ese camino hasta el final, sin distracciones, sin atajos.

—¡Se os parece tanto!

—Sí, lo sé, parece que exagere, pero en Antonia veo esa misma sed de saber que me llevó a elegir ser el poeta que soy y que, dentro de poco, no estará más en este cuerpo, sino solo en el recuerdo del mundo. Excepto que ella ya ha entendido muchas cosas que a mí me llevó décadas comprender.

—Contadme más, micer Dante. Hacedme saber sobre vos, sobre vuestro recorrido en los estudios y en la vida.

—Sí, claro, por otro lado es eso lo que debemos tratar. Pero hablándote de mí, entenderás también cuánto más grande es Antonia que su padre, aunque un día nadie la recuerde, como a menudo les sucede a las mujeres sobresalientes.

—Necesitaría un cantor, como vos lo habéis sido para vuestra Beatriz. Quién sabe si encontrará uno.

—Quién sabe, Piero, yo se lo deseo. Pero volvamos a nosotros. Al igual que Antonia, de pequeño yo también aprendí a leer, a escribir y a contar con un *doctor puerorum*, o maestro que enseña a los niños las bases de la lectura, la escritura, el cálculo y el latín, porque, como sabes, esa es la lengua con la que se aprende a leer y a escribir.

—Claro.

—El latín es una lengua especial, ¡la única que tiene una gramática escrita! Y a diferencia de las habladas, que cambian y cambian según los usos y las necesidades del momento, es inmutable y universal, ¡perfecta para comunicarse entre naciones diversas con seguridad! Siempre me ha gustado mucho, aunque mi maestro no era demasiado bueno.

—Veréis, micer Dante, mi padre opinaba que el latín era una lengua inventada para remediar el desastre creado con la confusión que generó la Torre de Babel.

—¡Qué bonito escucharte decir eso, Piero! Yo pienso exactamente de la misma manera. Mi maestro, sin embargo, no compartía esa idea. O mejor, no sé qué ideas tenía. Se limitaba a enseñarnos la lengua y ya está.

—¿Cómo era entonces vuestro maestro? ¿Lo recordáis con afecto y admiración?

—No tenía maneras demasiado gentiles, no guardo un gran recuerdo de él. Sin embargo, sigo viendo en mi mente las páginas del Salterio y de la gramática de Donato sobre las que me ejercitaba. Esas no las olvidaré ni después de muerto.

—¡Vuestra proverbial memoria la habéis demostrado en toda vuestra obra, micer Dante!

—Sí, por gracia de Dios, me ha servido para mantener en la mente muchas de mis lecturas y transformarlas después en materia para mis obras.

—¿Y después? Me refiero a los estudios...

—Después tuve un *doctor gramatice*, un maestro que me enseñó el estudio avanzado del latín y de los elementos básicos de las artes liberales: gramática, dialéctica, retórica, astrología, aritmética, geometría y música. Hasta aquí, todo normal. Hice el recorrido de estudios acorde a mi rango y a mi edad. Y tampoco de ese maestro guardo ningún recuerdo concreto. Porque enseñaba lo que sabía, pero no sabía ver lo que yo era. Sin embargo, quien marcó mi vida y mi corazón fue el más grande de mis maestros, Brunetto Latini, de quien aprendí no solo las *ars dictaminis*, o cómo escribir literatura y discursos políticos, sino también el amor por la filosofía y, sobre todo, a cómo ser yo mismo a través de la poesía y, solo así, aspirar a ser recordado incluso después de la muerte, o sea, para la eternidad.

—Os enseñó «la eternidad que el hombre alcanzar puede», como decís vos en el Canto XV del *Infierno*... Ahí se entiende que vos habéis querido mucho a este hombre, y él a vos.

—¡Oh, sí, Piero! Y no solo porque me enseñó ese arte de hablar y escribir bien, gracias al que después pude dedicarme a la política (aunque luego esa haya sido la causa de mi condena), sino porque me hizo conocer a Cicerón, encendiendo así la chispa de amor por la filosofía, la política y la moral, y, sobre todo, porque fue él quien entendió que la poesía debía ser mi camino, antes y por encima de cualquier otro. Con ella me convertiría en el Dante al que todos conocen: él lo entendió enseguida. Y no hay nadie como un buen maestro, capaz de ver las potencialidades de un joven que aún no sabe quién es ni qué quiere realmente de la vida. Fue un verdadero guía, no solo un hombre culto, sino un padre para mí, que perdí al mío poco después. Los hombres crecen solo si alguien sabe soñar su futuro, aunque sea con los ojos abiertos...

—Así es, micer Dante. ¡Ojalá todos tuviésemos quien nos soñase para bien!

—¿Sabes qué sucedió después, Piero? Que tras perder a mi padre y siendo ya consciente de lo importante que era el estudio para mí, decidí usar las rentas que los bienes familiares me concedían para profundizar en mis estudios. Fui a Bolonia, la más culta de las ciudades italianas, y allí me inscribí en la facultad de artes, centrándome en el estudio de la retórica. En fin, me convertí en un mago de las palabras habladas y escritas, tanto en verso como en prosa.

—Como vos, nadie.

—Mi maestría se la debo a mi ansia de saber, a mi tenacidad en el estudio y a los grandes poetas que me precedieron, de cuyos libros aprendí todo: Ovidio, Estacio, Lucano, Virgilio…

—Les honorasteis a todos ellos en vuestra *Comedia*, y al gran Virgilio más que a ninguno, ¡que su *Eneida* bien se ve que «la sabéis toda de memoria»!

—Ah, sí, verso tras verso la repetía cada mañana mientras caminaba o iba a caballo. Con ella cogí la costumbre de encajar los pasos con los versos, práctica que no me ha abandonado… ¿Has pensado alguna vez que el corazón, la respiración y el paso son como tambores que cada uno de nosotros posee y sabe tocar, y sobre los que se puede escandir el ritmo de los pensamientos?

—Micer Dante, en verdad no. Pero ahora que me hacéis pensar en ello, me gusta mucho la idea.

—Todos somos poetas, Piero, si recordamos que somos hombres y estamos vivos.

—Prometo que desde hoy no me olvidaré de mis tambores… Pero decidme, al pozo profundo de la filosofía, que bien conocéis, ¿cómo os acercasteis? Porque me parece entender que el señor Brunetto solo os inició en los estudios, pero que lo más importante lo aprendisteis después.

—Has entendido bien. El amor por la filosofía y el estudio loco y desesperado llegó cuando volví a Florencia, y se volvió imprescindible después de la muerte de Beatriz.

—Perdonadme, micer Dante, si os pido que me expliquéis qué es realmente la filosofía. Porque no sabría decirlo, y cuando uno no sabe decir algo en su lengua…

—… significa que no lo ha entendido bien. ¡Muy acertado, Piero! Intentaré aclarártelo en pocas palabras, que espero sean precisas. La filosofía es el amor por la sabiduría, es esa ciencia que busca llegar a entender las razones últimas que están detrás de las cosas. Por ejemplo: si la lógica te explica cómo razonar, la filosofía, partiendo de ahí, se pregunta: pero ¿cómo funciona la mente del hombre? O si la astronomía estudia los astros y nos enseña cómo se mueven en el cielo y cómo influyen en lo que sucede en la tierra, entonces la filosofía se preguntará: pero si los astros condicionan nuestro comportamiento, ¿existe realmente el libre albedrío?

—Si no entiendo mal, la filosofía es la ciencia de todas las ciencias.

—Exacto. Es la que nos ayuda a preguntarnos qué está bien y qué está mal, qué es verdad y qué es falso, qué hay en la mente del hombre y qué en la realidad fuera de él... En resumen, la filosofía es el arte de hacerse las preguntas justas. Después, la vida pasa mientras buscas las respuestas, que no es seguro que lleguen, pero mientras tanto uno se pregunta y busca.

—Entiendo ahora por qué la habéis amado tanto y por qué después de la muerte de Beatriz se convirtió en una necesidad.

—¿Qué respuestas podía darme a una pérdida tan grande? Más me lo preguntaba, más preguntas surgían. Más preguntas nacían, más respuestas buscaba; cada respuesta generaba nuevas preguntas y así sucesivamente. Entendí que la filosofía era un modo de ser y de vivir: el mío.

—Pero ¿no era la poesía?

—Las dos cosas para mí van unidas, Piero. La mía es una poesía filosófica, porque siempre busca, siempre pregunta para encontrar la verdad, que es lo más importante de todo. En aquel período, cuando ya era un joven maduro, estudié a Boecio, a Cicerón y a muchos otros filósofos; pero primero y sobre todo a Aristóteles, que fue, como Virgilio para la poesía, mi mayor maestro. Su *Ética a Nicómaco* es para mí el libro de los libros sobre filosofía. Me gustaría que también tú pudieras conocerlo en profundidad, Piero. Quizá Antonia pueda ayudarte...

—Sería un honor para mí.

—Se lo preguntaré antes de abandonar esta tierra... ¿Sabes, Piero, que estudié y leí tanto que se me agotaron los ojos hasta el punto de que ya no veía? ¿Y que los médicos me dijeron que parase y que estuviera con los ojos cerrados y me pusiera compresas de agua fría para recuperar la vista?

—Micer Dante, pero eso no es pasión, ¡es una enfermedad!

—Lo fue, en cierto sentido. Pero también fue una enfermedad que me curó de otros males... De todas formas, enseguida aprendí que la filosofía se podía practicar también con las orejas, no solo con los ojos. Tanto en Bolonia como, sobre todo, en mi Florencia, se filosofaba a través de las *disputationes* o competiciones públicas donde los maestros de filosofía se reunían para tratar una cuestión y demostrar ser capaces de responder a todas las objeciones posibles. A veces el maestro disputaba contra todos los presentes, que podían hacer preguntas; otras veces, a los maestros se unían los alumnos de los cursos avanzados, los *bacellieri*, que les ayudaban a defender sus razonamientos.

—Parece casi una especie de torneo caballeresco, pero con palabras en lugar de con armas.

—Es exactamente así, es una prueba de habilidad cuyo instrumento son las palabras, que son armas muy afiladas, como bien sabes, Piero.

—Sí, micer Dante; a veces las palabras hieren más que mil espadas.

—¿Sabías, Piero, que en Florencia esas disputas a menudo acontecían en los dos grandes conventos de Santa Croce y Santa Maria Novella, donde algunos de los más grandes maestros enseñaban? En el primero, Santa Croce, estaban los frailes franciscanos; en el segundo, Santa Maria Novella, los dominicos. Así puedes entender cuánto he entrenado la mente para no depender nunca de la opinión de nadie salvo de la mía y solo después de haber escuchado las razones de todos.

—Micer Dante, si me permitís, vuestra capacidad e independencia de juicio hace de vos un hombre grande y honesto, pero temo que también sea la razón de muchas de vuestras desdichas…

—Piero, por desgracia, has dado en el clavo. Fue justo gracias a mi inclinación y a mi continuo ejercicio de la filosofía como reafirmé en mi pensamiento que el amor por la verdad debe estar en la base de todo nuestro saber, de todas nuestras acciones. Y me convencí de que amar la verdad significa también transmitirla y convencer a quien está lejos de ella de que se le acerque de nuevo. Pensé que quien está errado debe ser ayudado a volver a la senda correcta y que, para hacerlo, es necesario condenar el error, pero no a quien lo comete. Y también estaba seguro de que cuando muestras dónde está el error, también quien lo ha cometido lo ve, y entonces cambia, y te está agradecido por habérselo mostrado. Y...

—¿Y?

—Y no es así, aunque yo siga estando convencido de que se debe actuar de esta manera. Mis conciudadanos, Piero, de los errores no querían oír hablar, y mis verdades nunca me las han perdonado. No siempre soñar a los demás es hacerlos libres. También es necesario que los otros quieran ser soñados...

Cierro los ojos; ahora es demasiado duro soportar el pensamiento de mis batallas perdidas. Necesitaría algo para aligerar el ánimo y la mente. Y aquí vuelve a aflorar el recuerdo de la paloma de mi sueño. Miro instintivamente hacia la ventana...

—Temo haberos cansado, micer Dante. Paremos un poco.

—Sí, Piero, estoy cansado, paremos, te lo ruego. Y abre la ventana, por favor. Quizá entre un poco de fresco, un poco de luz, un poco de paz...

La selva oscura

—En mi opinión, no pasa de esta…

—No digas eso, Pietro. Padre es capaz de todo, también de derrotar los males incurables.

—Iacopo, hay que ser realistas, está demasiado mal y no parece mejorar, más bien empeora…

—¡Chicos! ¿Podéis bajar la voz? No me parece el momento para que vuestro padre os oiga hablar así.

Gemma es contundente, como siempre en estos casos.

En efecto, los estoy escuchando, a todos: Iacopo y Pietro, siempre impulsivos y preparados para decir uno lo contrario del otro, y a ella, Gemma, siempre reflexiva y preparada para poner orden a su alrededor.

Escucho también a Antonia, con su silencio atento: la reconozco por la respiración lenta y acompasada que se escabulle fuera de la habitación. Debe de haberse hartado de las discusiones entre sus hermanos, como siempre.

Los escucho a todos, lo que dicen y lo que callan, y pienso: «Esta es mi familia, toda mi familia, y, a todos y cada uno, yo les debo algo». La lista de las deudas me parece demasiado larga para escribirla ahora que estoy sin fuerzas. Pero entiendo que, más allá de las que tengo con cada uno de ellos, puedo hacer enseguida una primera devolución a todos si sigo fingiendo que estoy dormido: evitamos vergüenzas. Además, mantener los ojos cerrados ayuda a ver mejor, como aprendí de Homero.

—Está sufriendo demasiado y no parece que los médicos entiendan nada, Iacopo.

—Pietro, existe también la voluntad de Dios: si Él decide que no es la hora, no morirá.

—Y si decide que es la hora, se irá, pero no sois vosotros quienes pueden preverlo y, sobre todo, quienes establecen cuál es la voluntad de Dios... ¡Y ya os he dicho que no habléis en voz alta! Como mucho, podéis rezar, si realmente no conseguís mantener la boca cerrada. Pero si calláis, es mejor.

Ahora han dejado de hablar. Se están mirando uno a uno, lo comprendo por el nuevo silencio que se ha impuesto: es ese silencio ofendido que se produce cuando todos quieren demostrar que sus razonamientos son los correctos. Sí, es verdad, con los ojos cerrados se ve mejor. En un instante entiendo que, aun desde detrás de los párpados, sé reconocer las emociones de aquellos a quienes amo. Y aprendo: ver es imaginar a los demás por lo que son y sienten, más allá de la cortina de la mirada.

Ahora, sin embargo, el silencio dura demasiado tiempo. Sé muy bien que alguien lo romperá pronto, y que ese alguien no será Gemma...

—Madre, si quieres ir a descansar un poco, vete. Nos quedamos nosotros aquí, de verdad.

—Gracias, Pietro, pero espero a que vuelva el señor Piero, me siento más tranquila.

Escucho la puerta abriéndose y la voz de Piero entra:

—Buenos días, doña Gemma, buenos días, Iacopo y Pietro, aquí estoy, ¡he vuelto!

—Buenos días, señor Piero, hablaba justo de vos, ¿os zumbaban los oídos? Mi marido duerme aún y parece estar más exhausto que de costumbre, tiembla a menudo.

—La fiebre no baja y eso seguramente no ayude, señora.

—No, desde luego. Si ahora os quedáis aquí con los chicos, yo iré a descansar un poco. Por favor, os lo ruego, encontrad la forma de hacer que estos dos no molesten a su padre. Siempre discuten en voz alta, pelean por todo, incluso cuando no hay nada por lo que reñir. Parece que no crezcan nunca. ¡Adolescentes eternos!

—No somos inmaduros, solo florentinos, madre, y los florentinos, como dice padre, ¡crean facciones incluso para decidir qué comer!

Este es Iacopo: nunca deja de bromear, incluso en los momentos más difíciles. Todo lo opuesto a Pietro, que es como yo: serio incluso cuando bromea. Quién sabe cuál de los dos se las apañará mejor cuando yo no esté... Hasta hace poco tiempo habría jurado que la frivolidad de Iacopo solo podría traerle problemas, ahora empiezo a pensar, por el contrario, que quizá sea su salvación. Casi me dan ganas de seguirlo. Espero a que Gemma salga, y después...

—Vosotros haríais facciones incluso para decidir cómo ayunar —digo de repente abriendo los ojos.

Se giran, me miran, no saben cuánto tiempo hace que los estoy escuchando, pero deciden que está bien creer que solo he captado la última frase.

—Yo tenía razón, padre se está reponiendo. Pietro, ¿qué te había dicho? ¡Ha empezado a refunfuñar como siempre!

Ahora todos ríen, Iacopo, Pietro, el señor Piero... Una risa liberadora: un Dante que refunfuña bromeando ¡nunca lo habían visto! Todos quieren interpretarlo como una buena señal. Yo, a diferencia de ellos, sé perfectamente qué es: se llama despedida, adiós, separación, final. Elegid vosotros la palabra. He vivido lo suficiente como para saber que cuando se parte, es mejor hacerlo de una forma digna para el recuerdo. Y además, soy escritor, conozco el valor de un buen final.

—Iacopo, si vuelvo a refunfuñar «como siempre», ¡recuerda que tú serás el primero en recibir!

Vuelven a reír, pero sin hacer demasiado ruido: temen que Gemma vuelva a entrar para regañarlos, y si ella refunfuña, lo hace solo en serio; todos lo sabemos.

—Micer Dante, estoy feliz de ver que vuestros hijos os ponen de buen humor.

—Piero, los hijos producen este efecto balsámico incluso cuando traen problemas. Es uno de los misterios de ese amor del que estamos intentando entender todas las posibles caras.

—¿Hablabais de amor con el señor Piero, padre?

—Sí, Pietro. En realidad, hablábamos de cómo Amor ha guiado mi vida, puesto que estoy narrándosela a Piero.

—¿Hasta dónde habíais llegado?

—Le estaba contando sobre mis estudios.

—Para ser precisos me ha hablado de la poesía, de la filosofía y de cómo estas dos pasiones tienen como base el amor por la verdad.

Piero me mira como buscando aprobación a lo que acaba de afirmar, intercambiamos una mirada. De Beatriz mejor no hablar, por ahora.

—Justo eso, Piero; como siempre, entiendes todo en profundidad.

Mis hijos se miran entre ellos, después a Piero y finalmente a mí. Por último, Pietro habla por los dos.

—Bueno, si preferís estar a solas, nos vamos y os dejamos hablar.

—No, Pietro, no es necesario que os vayáis; es más, me gustaría lo contrario, porque ahora tendré que contar la situación más dura y difícil de mi vida, esa por la que nosotros estamos ahora aquí, en el exilio, fuera de nuestra amada Florencia; y por la que todos estamos pagando un precio demasiado alto. Un precio injusto, desproporcionado, pero que, quién sabe, quizá no habríamos tenido que asumir si yo hubiese tomado otras decisiones. Pero una cosa sé: es bueno que vosotros conozcáis hasta el último detalle sobre quién fue y qué hizo vuestro padre, también cuando erró, para poder dar respuestas cuando os pidan cuentas por mis acciones.

—Nosotros sabemos muy bien qué hombre habéis sido y sois, padre.

La voz de Pietro ha subido de tono, no soporta que se ponga en duda mi valor, aunque el que lo haga sea yo mismo.

—Pietro, tu padre es un hombre, y es de las grandezas y de las miserias del ser humano de lo que os hablaré, relatando mis decisiones políticas, porque este es el tema ahora. No tendremos otras ocasiones, estoy seguro de ello.

Por eso, tomad esta como la prueba de afecto más grande que un padre pueda demostrar a sus hijos. No os hablaré con la autoridad de una figura paterna que se preserva de las críticas, sino como un hombre habla a sus amigos, a los que se permite contar también los lados oscuros de sí mismo, para llegar a entender, a través de la escucha de quien lo quiere, las razones de las acciones que ha cumplido, y también de las que no se deberían compartir.

Esta vez puedo ver con los ojos abiertos el silencio de mis hijos, y reconozco en sus rostros el de quien tiene la valentía de afrontar algo que teme. El señor Piero nos mira, a mí y a ellos, con aire de quien se convierte en testigo consciente de un gran evento. El silencio también es suyo.

—¿Por dónde empezar? Ah, sí, por un nombre: Giano della Bella. Él fue el noble que se puso de parte del pueblo y que llevó la ciudad a la promulgación de los denominados Ordenamientos de Justicia de 1293.

—Son los ordenamientos por los que los nobles, que hasta entonces habían tenido el poder, fueron excluidos de los cargos más altos del Gobierno florentino, ¿verdad, padre?

—Exacto, Iacopo. Desde 1293 hasta 1295 en Florencia los nobles no tuvieron forma de controlar la vida política que, durante diez años, desde 1282 hasta 1292, habían manejado junto al *popolo grasso*.

—Perdonadme, micer Dante, pero ¿quién es el *popolo grasso*?

—Son los ricos comerciantes y artesanos, señor Piero. Si queréis os lo explico un poco mejor —mi hijo Pietro se me adelanta.

Siempre ha amado la historia y la precisión, y veo que siente un sincero afecto por el señor Piero. Esto me consuela, después de mi muerte sé que será un buen testigo de mi vida y de mi obra.

—Gracias, Pietro, así recupero un poco el aliento.

—De nada, padre. Entonces, para entendernos, en Florencia llamamos *popolo grasso* a esa parte de la ciudadanía que trabaja, gana bien y está inscrita en las Artes o gremios de los artesanos. Gente rica y potente, pero no nobles o aristócratas que pueden permitirse vivir de las rentas o de las especulaciones financieras. El *popolo grasso* está formado por gente que se gana sus riquezas trabajando. Por otra parte, llamamos *popolo minuto* a todos los pequeños artesanos no organizados en gremios, a los trabajadores asalariados o a la plebe. Toda la gente que trabaja, pero que no tiene grandes fortunas.

—Perfecto, hijo, no habría sabido decirlo mejor. ¡Muchas gracias!

—Ah, claro, ¡lo que dice Pietro siempre es perfecto!

—Iacopo, ¿por qué no dejas de discutir? ¿Es posible que yo tenga un hermano tan poco dotado del sentido de la oportunidad?

—Ah, bueno, claro, cómo no voy a ser yo el que hace algo mal.

—Basta ya, ¡por favor! —intervengo para poner orden de una vez.

Debería estar enfadado, pero mi corazón no lo consigue. En el fondo, ver que mi enfermedad y, quién sabe, mi muerte inminente no cambiará su carácter me complace, no me entristece. Significa que no se sienten obligados a ser de una forma en lugar de otra solo por complacer a un padre. Los he criado como hombres libres, me digo, y eso, para mí, debe ser suficiente.

—No discutáis ahora, y menos por mi culpa, ¡os lo ruego! —interviene Piero, siempre atento a todo y a todos.

—Piero, nadie discute por tu culpa, no te preocupes. Pero no nos vayamos por las ramas —continúo decidido—. Entonces, como habréis entendido, señor Piero, los Ordenamientos de Justicia de Giano della Bella cambiaron la disposición del Gobierno en Florencia y, como bien podréis entender, los nobles no se resignaron. Los comprendidos entre 1293 y 1295 fueron años difíciles y aumentaron las tensiones entre los nobles y el *popolo*, tanto *grasso* como *minuto*. Este último, en especial, estaba muy resentido con los nobles. En julio de 1295 nos encontrábamos al borde de una guerra civil y nos dimos cuenta de que era necesario encontrar una forma de calmar los ánimos. Al menos eso pensé yo, junto con muchos otros, con los que entonces me sentaba en el Consejo General del Ayuntamiento, uno de los tantos organismos a través de los que el pueblo gobierna en Florencia y que cuenta con trescientos miembros. Se trata del consejo «de base», que hace propuestas que después deben ser aprobadas por los otros consejos de nivel superior, como el del Capitán del Pueblo y el de los *Capitudini* o Artes Mayores.

—Perdonad, ¿qué quiere decir Artes Mayores? Hasta ahora solo habéis hablado de Artes, empiezo a perderme…

—Es comprensible, Piero, no puede uno más que perderse en esta maraña de especificaciones. Intento también aquí darte una explicación general que te ayude a orientarte.

Las Artes Mayores en Florencia son siete y reúnen las profesiones más importantes, las que producen más beneficios y tienen más peso político. Para entendernos, en las Artes Mayores están inscritos los emprendedores, los que importan materia prima como la lana o la seda y quien exporta productos terminados, y también banqueros, comerciantes y profesionales como los jueces, notarios, médicos y farmacéuticos; mientras que a las Artes Menores pertenecen todos esos artesanos que se ocupan del hierro, el cuero, la madera y del sector alimentario en general.

—Bien, entendido. Entonces ¿qué hicisteis?

—Discutimos bastante; yo estaba entre los que tomaron la palabra para hacer ver a todos las razones del sentido común. Al final se decidió proponer una «conciliación», es decir, una mitigación de los Ordenamientos que permitiese también a los nobles ocupar los cargos más altos de la política florentina, incluido el Priorato, que era el más alto de todos; siempre y cuando estuvieran inscritos en un arte.

—¿Hicisteis una ley para obligar a los nobles a trabajar?

—No exactamente, Piero, tenían que estar inscritos en un arte, lo que significa que también podían no practicar el oficio. Yo, por ejemplo, estoy inscrito en el Arte de los Médicos y de los Especieros, pero solo para poder dedicarme a la política, claramente ni soy médico ni farmacéutico...

—Perdonadme, micer Dante, pero vuelvo a perderme dentro de la selva de la política florentina. Realmente sois demasiado complicados...

—Habéis usado el término justo, Piero, porque justo de una «selva oscura» se trata, y así la he llamado en mi poema, como bien sabes. Una maraña de cargos y de voluntades que nos llevó sistemáticamente a luchar los unos contra los otros, escondiendo bajo la bandera del bien común los intereses privados, justificando la inusitada crueldad de los más desaprensivos, y también la incertidumbre y la timidez de esos incapaces de tomar partido. Pero eso yo lo entendería más tarde. Mientras tanto, antes de comprender las lógicas de la política, tuve que practicarla y «fiarme», si se puede decir así.

—Padre, vos siempre habéis sido un hombre honesto en la política, e imparcial, esto lo saben todos, incluso vuestros enemigos, me temo. Y habéis demostrado que la política también puede ser «pura».

—Pietro, gracias por estas palabras, sé que así piensas de verdad. Pero, créeme, a veces, aún esforzándose por ser justos y ecuánimes, se debe ceder a compromisos con la propia conciencia, sobre todo si se ocupan cargos políticos importantes. La verdad es que nos sentimos obligados a tomar decisiones que no se querrían tomar y que, aunque las valoras con base en el interés común, te dejan dentro un sentimiento de inadecuación y de injusticia en lo que respecta a cada individuo en particular. Ese malestar, después, no desaparece. No es fácil de explicar…

—Se llama conciencia, padre, esa que vos siempre habéis puesto en toda acción que habéis llevado a cabo. Solo los indiferentes y los delincuentes creen tenerla siempre en su lugar. Los hombres justos, por el contrario, se atormentan, pero ese es otro tema. Perdonad si os he interrumpido.

—No importa, Pietro, tus consideraciones también han sido las mías a tu edad y estoy orgulloso de escucharlas de ti. Pero ahora será mejor dejar las consideraciones personales a un lado. Intentaré ir directamente a los hechos. Entonces, desde 1295 hasta 1301 me dediqué a la política, siempre convencido de luchar por el bien de mi ciudad, intentando encontrar una mediación entre los partidos. Decidí afiliarme a la facción de los güelfos blancos, capitaneados, como ya sabéis, por Vieri de' Cerchi.

—Recuerdo bien, micer Dante, se trata de esa familia aristocrática, cuidadosa con los negocios y dispuesta a llegar a un acuerdo con los gibelinos con la intención de conseguir un papel cada vez más importante en la política florentina.

—Exacto, Piero, mientras que los güelfos negros, capitaneados por Corso Donati, estaban más dispuestos a reafirmar su posición como antigua aristocracia... Estos estaban ligados a su función militar, tenían menos dinero y más presunción y, sobre todo, estaban unidos al papa, que los apoyaba completamente. Era inevitable que, tarde o temprano, al ambicionar ambos el dominio de la ciudad, llegasen a un conflicto abierto.

—Bueno, padre, por lo que me habéis contado en otras ocasiones, Corso Donati hacía de todo para provocar un desencuentro, manchándose las manos con violencias y homicidios que quedaron impunes a causa de la voluntad de Vieri de' Cerchi de no llegar a la violencia, puesto que este pensaba que ganar tiempo era el único modo para hacer actuar a la justicia pública y no a la privada.

—Exacto, Pietro, eso es. Pero ese «ganar tiempo» se reveló una debilidad y llevó a Corso a ser cada vez más arrogante y a estar más convencido de salirse con la suya. Se llegó así a uno de los episodios más graves de nuestra ciudad, un incidente que, mira qué casualidad, mi querido Piero, vuelve a ocurrir otra vez en la calenda de mayo.

—¿Como en el encuentro con Beatriz?

—Sí, exactamente. El destino siempre sigue un designio… El mismo día que conocí a Amor, pero veintiséis años después, me encontré en la necesidad de tomar conciencia de los frutos del odio.

—Pero ¿qué sucedió?

—Se produjo un litigio feroz entre la facción de los blancos y la de los negros, y sucedió el 1 de mayo de 1300, cuando yo era prior, es decir, cuando ostentaba el cargo más alto que se pueda tener en nuestra ciudad.

—Este episodio yo también lo conozco. No hay nadie en Florencia que no haya oído hablar de ello, de la «Disputa de Santa Trinidad o de la Calenda de Mayo», en la que al pobre Ricoverino de' Cerchi lo curtieron para las fiestas.

—Iacopo, sí, por desgracia, todos saben que fue algo horrible. Una brigada de los negros fingió provocar por la calle a una brigada de los blancos. El pobre Ricoverino de' Cerchi fue alejado de los demás, le mutilaron la nariz y después, en esas condiciones, le dejaron volver con los suyos como una advertencia para los demás.

—¡Dios mío, micer Dante, pero eso es inhumano!

—Yo también pensé lo mismo, Piero, y no pude hacer más que decidir alejar de Florencia, en el exilio, a los jefes de las dos facciones y a quienes los habían apoyado.

—Entonces ¿también tuvisteis que mandar al exilio a los cabecillas de los blancos?

—Claro, Piero, ser *super partes* significa eso: estar por encima de los partidos. De lo contrario, ¿qué tipo de prior habría sido?

—Eso os honra.

—Créeme, Piero, que ya no estoy seguro de ello... Lo que sí sé es que entre los jefes más revolucionarios de los dos bandos estaba mi compañero de partido y apreciado amigo, Guido Cavalcanti.

—¿Con el que hablabais de amor en poesía?

—El mismo. Guido era un grandísimo poeta, un revolucionario y uno de mis más queridos amigos. Lo que ahora puedo deciros es que durante el exilio Guido contrajo fiebres palúdicas y murió... ¿Comprendes? Yo soy la causa del fallecimiento de una de las personas a las que más he amado en toda mi vida. Y de una muerte lejos de sus seres queridos, solo. Eso no puede ser justicia... Me pregunto si estas fiebres que ahora me sobrevienen en el exilio, exactamente como le ocurrió a él, me las habrá enviado alguien de allí arriba para expiar esa horrible culpa.

—¡No digáis cosas absurdas, padre! Hicisteis lo que un prior honesto debía. Estoy seguro de que Guido, en vuestro lugar, habría hecho lo mismo...

—No lo sé, Pietro, no lo creo. Guido era un hombre más propenso a la acción que a la mediación, y con un fuerte sentido de la guerra entre facciones. Él no habría enviado a un amigo a morir fuera de su patria, estoy seguro. Pagó con su vida, él...

—No digáis herejías, padre, si no lo hubieseis hecho, vuestra conciencia ahora tendría otros remordimientos. Las fiebres claramente no podíais preverlas...

—Queda el hecho de que yo soy la causa de su muerte. Y que entonces, en el culmen de mi carrera, me estaba dando cuenta de cuán corrupta era la política florentina. Pero estaba dentro del juego, y no conseguí no jugarlo… Naturalmente, en cuanto supo del enésimo desorden acontecido en la ciudad, el papa Bonifacio VIII decidió que era la ocasión perfecta para intervenir con todo su peso en la política florentina, cuyo control le garantizaba tener las arcas del estado pontificio llenas, como habréis entendido… A finales de octubre de 1302, el Gobierno florentino, aún en manos de los blancos, decidió mandar una embajada al papa para tratar con él: yo estaba entre los embajadores.

—Me parece una señal clara de confianza y de reconocimiento de vuestra actuación política, padre.

—Quién sabe, Pietro, quizá fue solo una encerrona, porque, mientras yo estaba en Roma, donde me entretuvieron más de lo debido, Bonifacio decidió enviar un conciliador a Florencia, alguien que estuviese realmente «por encima de las facciones», como nos dijo él; o mejor, que estuviese solo de su parte, como entendimos más tarde nosotros, los blancos, cuando todo estaba hecho. Ese alguien fue Carlos de Valois, conocido como el Sin Tierra, hermano del rey de Francia, que llegó a la ciudad con el cometido específico de reemplazarnos a los blancos para dar el poder a los negros, y así fue.

—Y vos, micer Dante, ¿qué hicisteis?

—Yo supe de la noticia mientras, desde Roma, volvía a Florencia. Estaba más o menos a la altura de Siena y ya era noviembre. Me recomendaron que no volviera a la ciudad, porque significaría jugarme la vida, y entendí que era justo así: vosotros, hijos, sabéis bien de lo que hablo.

Veo a Pietro y a Iacopo mirarse, por primera vez, con mirada cómplice, sin conflictos ni discusiones. El exilio de un padre es un dolor que une...

—Las represalias de los negros fueron durísimas. El 18 de enero de 1302 me acusaron incluso de baratería[4], señor Piero, ¿lo entendéis? Baratero yo, que siempre he dejado que mi hermano Francesco se ocupara de las cuestiones financieras porque no se me da bien manejar el dinero. Soy un poeta, no un comerciante... De todas formas, la condena estipulaba que, además de pagar una multa muy alta, debía presentarme en Florencia. Si me negaba a comparecer, me conmutarían la pena.

—¿Qué quiere decir, micer Dante?

—Que me condenarían a muerte. Más concretamente, mi destino habría sido morir en la hoguera si me hubiesen descubierto en territorio florentino. ¿Qué más podía hacer?

—Lo que hicisteis, padre, exiliaros. Al menos habéis permanecido con vida y habéis podido seguir ejerciendo de poeta...

—... y de padre.

Pietro y Iacopo esta vez no solo se han mirado, sino que han hablado uno después del otro, en consonancia, finalmente unidos. Solo por eso han valido la pena estos veinte años de exilio.

---

4. Es uno de los pecados castigados en el Infierno. Se trata de una palabra en desuso para indicar a los que cometen fraude o realizan estafas. (N. de la T.)

Cada uno tiene los demonios que merece

—¡Ajá! ¡Qué estúpido es este Dante! No ha entendido que sus hijos han fingido estar de acuerdo porque él se estaba muriendo. Ellos se detestan. ¡Todo lo contrario a estar de acuerdo! ¡Se divertirá viendo cómo discuten!

—Mira, Duendecillo, estúpido es poco. Es ingenuo e inmoral al mismo tiempo, que es una mezcla difícil de conseguir... Piensa en todo el dinero que ha robado con sus negocios, y después cómo se ha dejado engañar en la política: ¡aficionado!

—Tienes razón, Draguiñapo, estúpido es poco: es ingenuo, inmoral y, ya que estamos, añadiría ¡traidor! A ese pobre Cavalcanti lo ha condenado a morir peor que a un enemigo, él mismo lo ha dicho. ¡Pero si solo fuese eso lo que ha hecho...! Durante el exilio abandonó a los güelfos blancos, después decidió que era necesario apostar por el poder del Imperio (ni que fuese gibelino), después...

—Para, Barbatiesa, si no, no terminamos nunca, ¡son tantas las veces que ha cambiado de idea! Pero no es suficiente: es estúpido, ingenuo, inmoral, traidor, pero sobre todo es ruin. De lo contrario, habría tenido el valor de volver a Florencia a recoger a su mujer y a sus hijos desafiando las condenas. Sin embargo…, ¡puso pies en polvorosa!

—¡Estúpido, ingenuo, inmoral, traidor, ruin! ¿Quién ofrece más, mis queridos Malasgarras?

—¡Ja, ja, ja, ja, ja!

Esos cuatro malditos diablos se ríen todos juntos, mientras me observan fijamente, como se contempla a una presa. Son Duendecillo, Draguiñapo, Barbatiesa y Malacola, el jefe de la banda, el que ha hablado el primero y el último.

Los Malasgarras son seres malditos, exasperantes, insolentes y crueles. Pensaba que esa cuadrilla de diablillos era una invención mía y, sin embargo, no: existen de verdad, todos y cada uno y, por lo que parece, es a ellos a los que debo rendir cuentas.

Por lo tanto, está claro: estoy muerto. Y es en el infierno donde he acabado, entre los barateros. ¡No puedo creerlo! Se ve que allá arriba alguien ha creído las acusaciones contra mí…

—¡Dante, déjalo ya! Debes parar de pensar que todos la tienen tomada contigo, deja de hacerte la víctima de una vez. Sé un hombre, ¡al menos de muerto! Y, sobre todo, aprende. Aquí, en el infierno, nosotros leemos los pensamientos, por eso, será mejor que lo pienses bien antes de pensar. ¡Ja, ja, ja, ja!

Otra vez Malacola y otra vez el eco de todos los demás diablos que se ríen de mí.

—Entonces hablo en voz alta, Malacola: estoy muerto y he acabado en la bolsa de los barateros, ¿no? ¿Es así?

—Por un instante, el orgullo le toma ventaja al miedo.

—Si no lo sabes tú... ¡Señor «Lo sé todo del otro mundo»! ¡Claro que estás entre los barateros! Pero solo por ahora. Estamos decidiendo dónde colocarte definitivamente. Porque, mira, realmente eres un pecador especial sobre el que es difícil tomar una decisión, ¿sabes? Porque has hecho muchas maldades y todas al mismo nivel. Solo tenemos que escoger...

Y, tras terminar de hablar, Malacola me araña inesperadamente el rostro. Siento que la mejilla izquierda me quema de repente de forma aguda y penetrante. Es un segundo, pero lo entiendo: aquí abajo, el alma siente los dolores exactamente como si fuera un cuerpo. No me confundí. Pero el hecho de tener razón no me consuela. Intuyo qué penas horribles me esperan, no hay razón para estar alegre.

—Exacto, Dante, no hay razón para estar alegre, ¡para nada! Perdona si sigo entrometiéndome en tus pensamientos, pero ¿sabes lo divertido que es ver lo estúpido que eres? Entonces, vamos por orden. Baratero lo fuiste, eso seguro, porque intercambios sucios de dinero hiciste, es más, ¡hay hasta pruebas! Y no intentes decir que es culpa de tu hermano Francesco, porque muchos negocios los gestionaste tú solo, y otros, los que trató él, los firmaste tú. ¡Así que estabas de acuerdo!

Callo. Me duele admitirlo: dicho así, Malacola tiene razón. Acepto la acusación de baratería...

—En algunos casos usaste dinero para hacer política personalmente, en otros para ayudar a algún compañero de partido y, en general, para poder permitirte ser poeta sin trabajar. En resumen, el comercio de dinero te vino bien, digamos que como baratero, pero añadiría también como holgazán. ¡Te ganaste un puesto de honor!

—¡Ja, ja, ja, ja! ¡Ba-ra-te-ro! ¡Ba-ra-te-ro! ¡Ba-ra-te-ro!

Los coros de Malasgarras son cada vez más fuertes e incomprensibles.

Sigo callado.

—Jefe, ¿veis? ¡Ahora está callado! ¡Es un bellaco!

—Tienes razón, Duendecillo, es realmente un pusilánime. Sigue demostrándolo: no supo enfrentarse al tribunal de los enemigos en vida, ¿cómo quieres que sepa enfrentarse al de los diablos ya muerto?

—Ja, ja, ja, ja. ¡Be-lla-co! ¡Be-lla-co! ¡Be-lla-co!

—Habría que mandarlo a dar una vueltecilla entre los pusilánimes con su amigo el papa Celestino V. ¡Así repasaría la historia de las vilezas!

Y otro arañazo sobre la mejilla derecha, que ahora también me quema.

—¡Ja, ja, ja, ja! ¡Jefe, eres el mejor!

—¿Qué ocurre, Dante? ¿Tienes demasiado calor? Entonces, casi que te trasladamos al Cocito, ese bonito lago en el centro del infierno que conoces bien, así te refrescas un poco. ¿Dónde quieres que te pongamos? ¿En Caína, entre los traidores de sus parientes? ¿O prefieres Antenora, con los traidores de la patria o del partido político? ¿O quizá consideras más apropiada Tolomea, entre los traidores de sus amigos y de sus huéspedes? Parece que entre tus fechorías falte la de haber traicionado a tus benefactores, así que Judesca te la ahorramos, ¿te parece? Venga, señor juez del mundo, dígame: ¿en qué parte del lago quiere ser colocado el señor poeta Dante, bellaco y traidor?

—¡Ya basta!

Me giro, pero ya sé de quién es esa voz, no podría ignorarlo.

—¡Debéis a este hombre y a su arte más que respeto! Y si ha tenido debilidades, como es lícito en todo hombre, su arte es tan grande que merece ser salvado. Y añado que, si no fuese por él, vosotros no existiríais, o al menos no tal como sois, así que estadle agradecidos.

Ahora los Malasgarras callan, conversan entre ellos, después miran a Virgilio. Malacola toma la palabra en nombre de todos.

—Virgilio, como bien sabes, a nosotros la poesía nos importa más bien poco. Si han arrojado a Dante aquí, ten por seguro que no ha sido decisión nuestra, sino que alguien más importante que nosotros lo ha decretado. ¿Qué quieres tú entonces? ¿Quién te manda?

—Estoy aquí por la voluntad de Aquel que todo quiere y puede, Malacola, deberías saberlo. Dante, por su arte, merece estar conmigo y con los poetas en el limbo. Homero, Horacio, Ovidio, Lucano y todos los demás estarían felices de tenerlo entre ellos. Yo, el primero de todos.

—Así que nos quitáis a este medio hombre ¿para meterlo en el limbo a hacer de bonita estatua junto a los poetas gandules?

—¡Ja, ja, ja, ja, ja! —los Malasgarras vuelven a hacer gala de su arrogancia.

—¡Parad de una vez, Malacola y todos los demás!

Reconozco el tono tranquilo pero firme de mi maestro: ¡de ese no se puede huir! Ay, si al menos se me concediera el limbo; si aunque no volviese a ver a Beatriz, pudiera estar con mis amados padres... Y si Virgilio ha venido hasta aquí a discutir con los Malasgarras por mí, entonces tengo una esperanza.

—Ahí lo tienes, el bellaco que enseguida piensa en sí mismo... Y te creías que no vendría alguien a salvarle el pellejo..., ¡ni una vez lo hace él solo! Ha venido el amiguete Virgilio a sacarte de tus problemas, como siempre, ¿eh? Los poetas sois increíbles, componéis un montón de bonitos discursos para no responsabilizaros de nada. Después, la liais y luego os defendéis los unos a los otros. Al menos los diablos asumimos nuestras responsabilidades con valor.

—Malacola, ¡ya basta! ¡Aprende a respetar la voluntad de quien está por encima de ti!

—Pues claro, obedezco como hace el señorito Dante, que en cuanto llega una orden de lo alto se caga encima. ¡Cómo no!

—¡Cagón! ¡Cagón! ¡Cagón!

—¡Basta, malditos Malasgarras! Ahora Dante se viene conmigo al limbo.

Yo estoy atónito. Por un lado, Virgilio, mi maestro, me tiende la mano, sé que seguirlo sería mi salvación ante el mundo, al menos como poeta. Por el otro, veo a los diablos, que se ríen y se burlan, pero siento que dicen una verdad: esta es mi última ocasión para mostrar un poco de valentía, aunque sea desafiando la benevolencia de Dios y del mundo. ¿Qué hacer? ¿Me dejo guiar? ¿Me rebelo y me condeno de por vida, pero al menos no seré un bellaco? Porque todos deben saberlo, en este y en el otro mundo que acabo de dejar: yo no soy un bellaco ni un traidor.

—¡No soy un bellaco! ¡No soy un traidor! ¡No soy un

bellaco! ¡No soy un traidor! ¡No soy un bellaco! ¡No soy un traidor!

—¡Basta, Dante, por favor, basta!

Ahora es Gemma la que me mira. Virgilio y los Malasgarras han desaparecido. El rostro de mi mujer está cerca del mío, y su mano reposa sobre mi frente para apoyar un paño húmedo y fresco que me alivia un poco.

—No soy un bellaco, no soy un traidor, y los Malasgarras deben saberlo, y también Virgilio y los chicos y tú, yo no soy como dicen los diablos... El limbo, quizá, o el infierno, no lo sé...

Me revuelvo en la cama. Gemma ahora me sujeta los brazos con las manos, como para inmovilizarme. Siento que se gira y susurra hacia el otro lado:

—Señor Piero, dejadnos a solas. Debe de haber tenido una pesadilla. Ha de descansar. La fiebre es cada vez más alta, temo que...

Su voz se para. Querría que mi cuerpo pudiese hacer lo mismo, pero las sacudidas de la fiebre continúan y me hacen bailar en la cama. Gemma sigue sujetándome, como tantas veces la he visto hacerlo cuando los niños eran pequeños y temblaban a causa de alguna enfermedad.

—Dante, aquí no hay diablos, ni Virgilio, ni mucho menos infiernos o limbos. Y nadie piensa que tú seas un traidor o un bellaco.

Escucho la voz de Gemma. Es verdad: tengo fiebre, tiemblo y ahora veo que estoy en mi habitación y no en el infierno. Estaré confundido, pero las entonaciones de las voces aún consigo distinguirlas. Y esta última frase, «nadie piensa que tú seas un traidor o un bellaco», Gemma la ha dicho con un tono demasiado triste como para no dejar lugar a dudas.

—¿Ni siquiera tú, Gemma? ¿Ni siquiera tú lo piensas?

Calla, sigue sujetándome. Espera un segundo antes de abrir la boca, un segundo elocuente y definitivo.

—Ni siquiera yo, Dante.

Ahora lo sé, ha llegado la hora de hablar con ella.

El señor Piero, que aún no ha salido, entiende que es el momento de hacerlo.

El ajuste de cuentas

—La verdad, Gemma, quiero la verdad. ¿Crees realmente que no soy ni un traidor ni un bellaco? ¿Aunque os dejara solos en Florencia? ¿Aunque me opusiese a los güelfos negros a los que pertenecía tu familia? ¿Aunque luego no apoyara hasta el final a los güelfos blancos desde el exilio? ¿Aunque, en medio de mi peregrinar de corte en corte, cambiase de nuevo de idea, al pensar que era necesaria una nueva figura de emperador para resolver la fortuna de Italia? Aunque...

—Para ya, Dante, ¡déjalo de una vez! Y escúchate: es con tu mujer con quien hablas, y en tu lecho de muerte. Porque morirás, lo sabes y lo sé, y aún estás aquí hablándome como si yo fuese un político o un poeta. No soy tu compañero de partido ni de pluma. Soy tu mujer, Dante: ¡tu mujer! ¿Puedes pensar en esto al menos ahora, antes de irte y, esta vez, para siempre?

Ahora reconozco a mi Gemma. El tono firme e implacable, la franqueza brutal de las palabras y la honestidad sin compromisos que hacen de ella la mujer que es.

Los Malasgarras tienen razón: soy un traidor y un bellaco. Y yo sé el porqué, aunque sigo sin decírselo a ella.

Gemma me mira, sabe que ha sido dura conmigo, y que la dureza yo no sé manejarla. Y también sabe que esta es nuestra última ocasión para decirnos la verdad sobre lo que hemos sido el uno para la otra, y que este tipo de ocasiones no está permitido desaprovecharlas.

Mientras tanto, se ampara de las punzadas de mi silencio inútil, alejándose y dándome la espalda. Finge mirar fuera de la ventana, pero percibo el fluir de sus lágrimas, que no veo.

—No, no eres un compañero de partido ni de versos. Eres mi compañera de vida y habrías merecido más y mejor, lo sé. Habrías merecido un marido capaz de estar cerca de ti incluso en el exilio, que hubiese sabido ver crecer a los hijos a tu lado, que te hubiese protegido de las fluctuaciones de la fortuna, más que imponértelas, y yo no he sido capaz de ello...

Me detengo, sé que estoy yéndome por las ramas, que no estoy diciendo lo más importante, pero temo que, si lo confieso, después ella reaccione como no quiero y, entonces, no podría soportarlo.

¿Otra vez ruin? Me parece que sí...

—Bueno, ya es algo que te hayas dignado a llamarme «compañera de vida», y no solo mujer. Al menos significa que en alguna parte de tu cabeza seguramente existe la idea de que nosotros deberíamos haber compartido un mismo camino.

—Lo hemos hecho, Gemma, lo hemos hecho. Tú has sido mi guía, sin ti yo me habría perdido y habría perdido a nuestros hijos, que, sin embargo, están aquí, también ahora, aunque por poco.

—¿Yo, guía? ¿Y cuándo, Dante? Siempre has hecho lo que has querido y, mira, no es un reproche, sino que me sirve para decirte que conmigo nunca has decidido nada. Claro, no me preguntaste si prefería tenerte en Florencia para enfrentarnos juntos a tu posible proceso, o si me iba bien que te fueras al exilio. Decidiste y punto. Quizá me fuese bien lo que hiciste, pero tomar la decisión juntos habría significado otra cosa, habría significado que no había distancia entre nosotros. Y no me refiero a la del exilio... Pero, por otro lado, ¿de qué me quejo? Tú no hiciste nada extraño. A las mujeres no se les pide su parecer, ¿no?

—No, Gemma, ¡no se pide un parecer cuando no se puede tener en cuenta! Yo no decidí nada, yo no tuve opción, ¡perdóname! Si hubiese vuelto no estaríamos aquí discutiendo: tendrías el cadáver de tu marido y punto. Intenté protegeros a ti y a los chicos, créeme. Mi primer pensamiento siempre habéis sido vosotros. ¡Al menos en esto debes confiar en mi palabra!

Habría querido gritarle esa frase, pero mi voz sale ronca, aun así, lo intento. Ronca, pero vibra: Gemma entiende el esfuerzo, lee en él la intención y la acoge. Permanece de espaldas, pero advierto que, con la mano derecha, se alisa el vestido, como estirándolo: es el gesto que hace cuando se acaricia el alma, que le duele a través de la ropa. ¡Así que me cree! Ya es algo.

—Dante, hagamos como que no tuviste opción y también supongamos que sufriste la situación, y admitamos como cierto que siempre estuvimos en tu pensamiento. Hagamos también como que, si no hubieses pensado más de una vez que debía ser así, yo ahora no estaría aquí. Pero entonces ¿por qué todo lo demás? Y tú sabes de lo que hablo...

Ahora sí, no puedo irme por las ramas y digo la palabra temida, esa en torno a la que hemos girado estos últimos años, cada vez que entre Gemma y yo se instauraba el silencio:

—¿Beatriz?

Se da la vuelta, con la velocidad exacta de quien espera algo desde hace tiempo y quiere que el otro entienda que es así.

—Finalmente hemos llegado, Dante: ¡Beatriz!

—¿Crees de verdad que existe competencia entre tú y ella, Gemma? ¿Piensas eso?

—No, Dante, yo no pienso que compitamos, y ¿sabes por qué? Porque tú ya has decidido que una de nosotras ese desafío lo ha ganado, y creo que está claro que no estoy hablando de mí...

—Gemma, pero ¿qué dices? ¿Desafío? ¿Victoria? ¡Tú y ella sois dos cosas completamente distintas!

—Sí, claro, Dante: ella es la mujer perfecta, ideal, de la que se puede hablar al mundo hasta el último respiro, la que te ilumina, te salva, te inspira y hace de ti un hombre mejor, desde que eras niño hasta ahora, que estás a punto de exhalar tu último aliento. ¿Crees que no sé lo que les has dicho al señor Piero y a Antonia sobre ella? Incluso el sueño de la paloma me han contado... Porque también eso lo sé, Dante, también eso... Tú, a ella, la llevas dentro como el aire en la garganta para respirar: con necesidad y voluntad. Es a ella a la que has querido como compañera de viaje en tu poema, no a mí. Es con ella con la que te vas de paseo por el paraíso... Y yo ¿quién soy, pues? Soy solo la mujer, la que camina pesadamente sobre esta tierra y que hace lo imposible para que tú permanezcas en ella lo máximo posible con serenidad, la que se hace cargo de los hijos y de las cuestiones financieras. Soy esa de la que no dices nada, nunca, en ninguna parte, porque nada se puede decir. Soy la normalidad que, como se sabe, nos permite vivir bien, e incluso darnos el lujo de escribir. Pero se sabe que en términos literarios la normalidad es lo peor en lo que se pueda pensar: insignificante e incapaz de inspirar.

»Me preguntas si has sido bellaco y traidor. Para ser una de estas dos cosas, en lo que a mí respecta, primero deberías haber sido alguien «para mí»; tú, simplemente, no has estado. Y Dios sabe cuánto me ha costado admitirlo. Porque, también esto es verdad, Dante, yo te he amado. Durante todos estos años, yo te he amado, y no como poeta (así te aman todos, incluso tus enemigos), sino como hombre. He amado incluso tus silencios y tus contradicciones, que iban desde largas separaciones hasta una ternura repentina, de la que casi parecías avergonzarte. ¿Sabes cuántas veces he pensado que en el fondo toda esta historia de Beatriz era solo mi miedo?, ¿que en el fondo me querías?, ¿que tu silencio era tu manera de ser conmigo, diferente a como eras con ella...? Me he dicho tantas cosas para dar respuesta a tu silencio... Pero era yo quien respondía, no tú... Y al final, una se cansa de responderse a sí misma, Dante. ¿Quieres la verdad? ¡Aquí la tienes! Yo te he amado, durante mucho tiempo, incluso sin saber si tú me amabas. Después, he entendido que el amor en un solo sentido no funciona. Por otro lado, el nuestro ha sido un matrimonio concertado por nuestras familias. Tú no tenías la obligación de quererme. No podía ni siquiera enfadarme por ello. Además, has sido amable, si pienso en lo que tenías en la cabeza... Pero créeme, la amabilidad es la peor forma de indiferencia en estos casos. Quizá, si te hubieras enfadado...

—Me enfado ahora, Gemma, tanto como nunca me he enfadado en mi vida, aunque sea el último gesto que se me conceda en esta tierra. Me enfado y no contigo, a quien solo puedo pedir perdón, si no he conseguido hacerte entender lo que realmente siento; sino conmigo mismo, por haber sido ruin e incapaz de decir la verdad a mi mujer; yo, que siempre la he dicho en mis obras. Y ¿sabes cuál es la verdad, Gemma?

—Déjalo estar, Dante, ahora ya no sirve: ya la he dicho yo. Ahora solo sería una humillación. Por una vez, si callas es mejor.

—No, Gemma, no, no callo por nada; lo he hecho durante demasiado tiempo y me he equivocado. La verdad es una: es verdad, tú y yo nos casamos porque nuestras familias lo decidieron. Y es verdad: yo amé a Beatriz antes de casarme contigo, desde la infancia hasta mi juventud, y pensé que a ella le debía una compensación por ese amor que su marido nunca le dio. Pensé que debía arreglar la injusticia que Dios le había hecho al llevársela tan joven de este mundo.

—¿Te escuchas, Dante? Ahora blasfemas...

—Quizá sí, Gemma, pero no como tú piensas. Sí, es verdad, no aceptar la muerte prematura de alguien es oponerse a la voluntad divina, pero yo este fallo lo he cometido con ella, con mis padres e incluso con Guido, mi amigo más apreciado. ¿Sabes qué ocurre, Gemma? Yo, al cantar a Beatriz en la *Comedia*, puse todo mi dolor por la pérdida de las personas a las que he amado, y toda mi necesidad de encontrar, en la fe, una respuesta a la suma incomprensible de dolores e injusticias que sentía caer sobre mí. Beatriz era lo que me permitía ajustar cuentas con el dolor según los preceptos de la teología y de la lógica de la filosofía. Ahí es donde yo me siento cómodo...

»Y ahora blasfemo por segunda vez, Gemma. La filosofía y la fe no habrían sido suficientes para mantenerme en esta tierra si tú no hubieses estado a mi lado. Porque cualquier gratificación del pensamiento no es suficiente para un hombre vivo si no siente que realmente puede amar lo que hace en esta tierra. Es de ti de quien lo aprendí. Mientras todo me era arrebatado o se volvía contra mí, incluida la política, tú eras el ancla a la posibilidad de un bien verdadero, no imaginado, real y continuo, más allá de toda previsión e idealización. De ti aprendí incluso que la suerte puede convertirse en destino, si tú lo quieres, y que se puede amar a quien no hemos elegido. Todo eso iba más allá de mi poética, de mi capacidad para filosofar o crear metáforas a partir de los hechos. Todo eso era vida de verdad, amor de verdad, por una mujer de verdad. No era una tarea literaria ni un ejercicio filosófico, como con Beatriz... A mí también me ha costado mucho tiempo entenderlo, ¿sabes? Pero cuando lo he comprendido, he entendido que la verdad de una vida verdadera no se pone en boca del mundo, sino que se custodia en el seno de los afectos, como se hace con los secretos más bellos. Tú, Gemma, has sido esa vida, esa perla, como indica tu nombre, que yo solo podía vivir profundamente y custodiar. Así lo he hecho con las fuerzas que tenía. Los silencios que me reprochas eran para mí el mejor refugio que podía dar a nuestra historia.

»Y es una historia que nadie podrá contar, Gemma, porque no hemos dejado por ahí ningún retazo de verdad: piénsalo. Todos podrán imaginarla, solo nosotros custodiarla.

»Créeme, Gemma, el silencio es la dedicatoria más grande que un poeta pueda hacer a quien ama, porque él sabe que es de ahí de donde nacen las palabras: el silencio es el original, las palabras son la copia.

No recuerdo si he dicho estas últimas palabras o si se me han quedado en la boca mientras el alma se alejaba del inesperado abrazo que Gemma ha querido darme, junto con el regalo de un llanto que esperaba para empaparme desde hacía demasiado tiempo. Solo sé que esta vez he muerto así: como hombre y no como poeta.

cronología

1265 Dante nace en Florencia en mayo o junio. Su padre es Alighiero di Bellincione. Su madre muere muy pronto (según algunos, dando a luz a Dante; según otros, entre 1270 y 1273) y, de ella, solo sabemos con seguridad su nombre, Bella, y que probablemente perteneciera a la familia Abati. Después de la muerte de su esposa, el padre de Dante se casa por segunda vez. De este matrimonio nacen los hermanos de Dante: Francesco y Tana.

1274 A los nueve años, Dante conoce a Beatriz (según lo que cuenta en la *Vida nueva*), históricamente se la ha identificado como Bice di Folco Portinari, que se casará con Simone de' Bardi y morirá muy joven, en 1290.

1277 Se firma el acuerdo de matrimonio entre Dante y Gemma Donati, prima de Corso y de Forese Donati, aunque de una rama familiar menos poderosa.

1283 (aproximadamente) Muere el padre de Dante.

1275-1286 Aprendizaje literario. Estudia con Brunetto Latini, se interesa por la poesía del *Dolce Stil Novo* (Guinizzelli) y estrecha relaciones con artistas de su tiempo: Guido Cavalcanti, Guittone D'Arezzo, Cecco Angiolieri, Forese Donati, Lapo Gianni... Después, también se ocupará de la poesía realista, cuyo máximo exponente era Cecco Angiolieri.

1287 Empieza a estudiar filosofía y teología. Primero en Bolonia (1287) y, después, en Florencia, en los conventos de Santa Croce (escuela franciscana) y Santa Maria Novella (escuela dominica). Dante intensificará sus estudios a partir de los años noventa, tras la muerte de Beatriz.

1289 Participa en la batalla de Campaldino, donde los güelfos florentinos se imponen con fuerza a los gibelinos toscanos guiados por la ciudad de Arezzo.

1290 El 8 de junio muere Beatriz.

1292-1293 Escribe la *Vida nueva*, donde narra, de forma alegórica, su amor por Beatriz, símbolo de la filosofía y de la teología, y verdadera guía hacia la divinidad.

1293 Se promulgan en Florencia los Ordenamientos de Justicia de Giano della Bella que permitirán a los nobles participar en la vida política, siempre y cuando se inscriban en un arte.

1295 (aproximadamente) Se casa con Gemma Donati. Del matrimonio nacerán Iacopo, Pietro, Antonia (que después se hará monja en Rávena con el nombre de sor Beatriz) y quizá otro hijo más, Giovanni.

En ese mismo año se inscribe en el arte de los médicos y especieros, y comienza su carrera política.

1295-1296 Entra activamente en política y ostenta numerosos cargos. Entre 1295 y 1296, forma parte del Consejo de los Sabios, del Consejo del Pueblo y del Consejo de los Cien.

1300 Disputa de la Calenda de Mayo. Los güelfos se dividen y, después de un período de incertidumbre, Dante se acerca a los blancos, capitaneados por Vieri De' Cerchi (de una familia del condado), que se oponían a los negros, capitaneados por la familia Donati (aristocrática), estos últimos favorables a la intervención en Toscana de los Anjou y del papado.

Dante es elegido prior.

1301 A finales de octubre, Dante es invitado como embajador de Florencia a visitar al papa Bonifacio VIII.

En noviembre, el papa envía a Carlos de Valois (hermano del rey de Francia) a Florencia, los güelfos negros toman el control de la ciudad y no volverán a perderlo.

1302 Mientras aún está fuera de Florencia, Dante es condenado al exilio bajo las acusaciones de baratería, apropiación de fondos públicos y oposición al papa. La pena mínima establecida es el pago de una multa, el exilio durante dos años y la prohibición perpetua de ostentar cargos públicos, siempre y cuando los condenados se presenten y admitan de alguna manera su culpa; en caso de no declararse culpable e intentar volver a la ciudad posteriormente, serán condenados a muerte. Dante se niega a presentarse.

El 10 de marzo se promulga su condena a muerte. Dante se une a los güelfos blancos que han escapado y espera poder volver a Florencia, pero asiste al fracaso de la misión capitaneada por Scarpetta degli Ordelaffi.

1303 Se retira a Verona bajo la protección de Bartolomeo della Scala, donde comienza la composición del *De vulgari eloquentia*.

1304 Dante continúa recorriendo las diversas cortes italianas y abandona la idea de volver a su patria. Son años en los que decide «tomar partido por sí mismo» y se desvincula de los güelfos blancos. También son años en los que se dedica a la composición de dos de sus obras más importantes: el *De vulgari eloquentia* y el *Convivio* (que dejó sin terminar probablemente porque comenzó el *Infierno*). Continúa sus peregrinaciones por las cortes de Italia.

1306 Deja a Gherardo del Camino en Padua y se traslada a Venecia.

1307 Estancia en Lunigiana, en la corte de los Malaspina; después, en Casentino y en Lucca, donde permanece dos años.

Por estas fechas empieza a componer la *Comedia*. El exilio terrenal se convierte para Dante en un impulso, un modelo y una inspiración para ese viaje espiritual cuyo fruto literario es la *Comedia*. La composición de la obra ocupará alrededor de quince años de la vida del poeta.

1310 Posible viaje a París.

1311 Dante homenajea al Emperador Arrigo VII, del que espera el restablecimiento del orden en Italia. Después se dirige a Poppi, otra vez en Casentino, donde es acogido por Guido Battifolle. Rechaza la amnistía concedida a los exiliados florentinos y, al año siguiente, se retira a Verona bajo la protección de Cangrande della Scala, donde permanecerá hasta 1318.

1313 Con la muerte de Arrigo VII en la batalla de Buonconvento, el sueño de Dante de ver restablecido el poder del emperador en Italia se desvanece. Gracias a este fracaso, se inspira para escribir *La monarchia* (comenzada en 1310), una obra conceptualmente muy cercana a la *Comedia* en el plano de la reflexión entre los dos poderes: el temporal y el espiritual.

1315 Dante rechaza otra vez la amnistía que se le habría concedido, de nuevo, a cambio de aceptar condiciones humillantes.

El 15 de octubre se reafirma su condena a muerte, que se aplicará también a sus descendientes (Pietro y Iacopo) una vez estos hayan alcanzado la mayoría de edad (catorce años en aquella época).

1316 Dante redacta la carta de dedicatoria del *Paraíso* a Cangrande della Scala. Pero tras dos años, se desvanece en él la esperanza del establecimiento de un gobierno «universalístico».

1319 Dante se traslada a Rávena bajo la protección de Guido da Polenta, donde terminará el *Paraíso* (que había comenzado en 1315). Aquí se reunirá con su familia: su mujer, Gemma, y sus hijos, Pietro, Iacopo y Antonia.

1321 En agosto, Guido da Polenta envía a Dante, a sus cincuenta y seis años, en una misión especial a Venecia. Ostenta el papel de embajador y debe intentar impedir la guerra inminente como consecuencia de las incursiones de los ciudadanos de Rávena en las aguas de las lagunas venecianas. Durante el viaje contrae la malaria. Muere en Rávena la noche del 13 al 14 de septiembre.

Índice

Colección biografía joven

13. **El hijo del trueno** (San Juan de Betsaida)
Autor: Miguel Ángel Cárceles

14. **Siempre madre** (Santa Juana de Lestonnac)
Autora: M.ª Teresa Rados, O. N. S.

15. **El mago de las palabras** (J. R. R. Tolkien)
Autor: Eduardo Segura

16. **La aventura de ser santo** (san Josemaría Escrivá de Balaguer)
Autor: Miguel Ángel Cárceles

17. **Canciller de Inglaterra** (sir Tomás Moro)
Autor: Francisco Troya

18. **La luz en los dedos** (Luis Braille)
Autor: Miguel Álvarez

19. **Una pequeña revolución** (santa María Rosa Molas)
Autora: M.ª Teresa Rosillo

20. **Por tierras y mares «de esperar en Dios»** (san Francisco Javier)
Autor: Máximo Pérez Rodríguez, S. J.

21. **Una historia de lucha y amor** (santa Teresa de Jesús)
Autora: Amparo Boquera

22. **El insigne hidalgo (Miguel de Cervantes)**
Autor: Francisco Troya

23. **Encuentros con el amor** (Bernadette Soubirous)
Autora: María Mercedes Álvarez

24. **Audacia y convicción** (Pablo de Tarso)
Autor: Jesús Ballaz

25. **El santo de los niños** (José de Calasanz)
Autor: Miguel Álvarez

26. *Veni, vidi, vici* (Julio César)
Autor: Lluís Prats

27. **¡Viva la libertad!** (Sophie Scholl)
Autora: Silvia Martínez-Markus

28. **Evolución y vida** (Charles Darwin)
Autor: Carlos Alberto Marmelada

29. **Libre para soñar** (Ana Frank)
Autor: Miguel Ángel Álvarez Pérez

30. **El mensajero del perdón** (san Juan María Vianney)
Autor: Ángel García Moreno

31. **Un campesino en el Vaticano** (Juan XXIII)
Autor: Fernando Sánchez-Costa

32. **El padre de Europa** (Carlomagno)
Autor: Lluís Prats

33. **Ahora toca ser valientes** (Montse Grases)
Autora: Edith Zeltner

34. **Un poeta entre el cielo y la tierra** (Dante Alighieri)
Autora: Teresa Porcella

Dante Alighieri

CUADERNO DOCUMENTAL

Dante, un hombre de su tiempo

Dante Alighieri (Florencia 1265-Rávena 1321) está considerado el poeta italiano más importante de la historia. Es conocido en todo el mundo por la *Comedia*, un **relato en verso que narra en primera persona el viaje que Dante realiza al más allá** para salvarse del pecado y encontrar a la mujer a la que ama, Beatriz, símbolo de la fe cristiana.

Pero Dante no era solo un poeta con una imaginación potente, sino también un hombre involucrado en la política de su ciudad, Florencia. Acabó exiliado y lo recuerda en su poema con nostalgia y amargura.

Para entender mejor al poeta, es interesante conocer las divisiones políticas entre güelfos y gibelinos. Las dos que se combatieron ferozmente, para afirmar su poder político y económico dentro de la ciudad. Ambas facciones tenían apoyo externo, del papado o del Imperio, respectivamente, debido a claros intereses económicos. De hecho, Florencia, en aquella época, poseía un gran número de bancos que concedían préstamos tanto a unos como a otros, y además su moneda era el *fiorino d'oro*: ¡la más cotizada de todo el territorio italiano!

Gibelinos y güelfos

Los gibelinos defendían el poder del emperador. Su nombre proviene de los nobles suevos Hohenstaufen, señores del castillo Waiblingen (antiguamente conocido como Wibeling, de donde deriva el nombre de «gibelino»). Estos adquirieron después la corona imperial y con Federico Barbarroja intentaron consolidar su reino en Italia.

Los güelfos defendían el poder del papa. Su nombre deriva de los Welfen (de ahí la palabra «güelfo»), que fueron los defensores de los bávaros y de los sajones y pertenecían a una de las dinastías más antiguas e ilustres de estirpe franca en Europa. Solo más tarde serían asociados a los que defendían al pontífice.

Güelfos blancos y güelfos negros

Los güelfos blancos (a los que pertenecía Dante) estaban capitaneados por la familia de los Cerchi, guiados por Vieri de' Cerchi. Se trataba de una estirpe de reciente poder económonico, con un talante más propenso al comercio y a la mediación que a la lucha. Apostaron por la alianza transversal con el pueblo y con los gibelinos derrotados (que claramente no habían desaparecido). Por lo tanto, se trataba de una facción con mayor tendencia al compromiso.

Los güelfos negros, en cambio, estaban capitaneados por los Donati, familia de antigua nobleza, que poseía más arrogancia que riquezas y, sobre todo, que no tenía ninguna intención de cederle nada al pueblo. A lo sumo apostaban por la discusión de los privilegios. Su jefe era Corso Donati, un hombre cruel y ambicioso que pretendía convertirse en el señor indiscutible de Florencia. Por lo tanto, se trataba de una facción decididamente elitista y nada predispuesta al compromiso.

El papa Bonifacio VIII apoyaba a los güelfos negros, lo que fue determinante para su triunfo en la ciudad, así como para la expulsión de Dante de Florencia.

Por eso, al no estar todavía el papa muerto cuando Dante escribe la *Comedia*, el poeta expresará su crítica con respecto al pontífice haciendo predecir al papa Nicolás III (Canto XIX) la futura condena de Bonifacio VIII. Así da pie a una potente invectiva contra la corrupción del poder pontificio, más proclive a los bienes materiales que a cultivar los dones espirituales

Escultura de Dante
en Florencia.

Artes mayores y menores

Para entender mejor la política en Florencia de la época de Dante, es necesario conocer el sistema de las artes, asociaciones artesanas que nacieron más o menos a finales del siglo XII. El florecimiento económico de la ciudad a principios del siglo XIII dio pie a un desarrollo extraordinario de la producción. Además de las de los notarios, los jueces, los cambistas, los médicos y los especieros, en Florencia tendrán gran importancia las artes ligadas a la elaboración y al comercio de tejidos (arte de calimala, o de las telas de lana extranjera, arte de la lana y arte de la seda), que harán de Florencia un centro europeo capaz de asumir una estructura capitalista con intereses de gran alcance.

Las artes estaban divididas en mayores y menores. Las primeras eran las importantes, comercial y económicamente, y tenían un gran reconocimiento también en la administración de lo público. Las segundas (que inicialmente eran cinco y, después, poco a poco, aumentaron hasta ser catorce en la época de Dante), estaban relacionadas con los oficios menores que luchaban por el reconocimiento de sus propios derechos. Cada una tenía un blasón que la identificaba. En 1293, con los Ordenamientos de Justicia de Giano della Bella (confaloniero de Justicia entre 1293 y 1295), se ratificó el poder del *popolo grasso* en contraposición al de los nobles, y se impuso que para acceder a los cargos políticos era necesario estar inscrito en una de las artes.

Fue para obedecer a estos ordenamientos por lo que el propio Dante en 1295 se inscribió en el arte de los médicos y de los especieros, garantizándose así el acceso a la vida política.

Dante, inspiración artística

El poema de Dante ha inspirado a artistas de las más diversas épocas y nacionalidades. Los más grandes pintores de la Edad Media y del Renacimiento retrataron al poeta: Giotto, Domenico di Michelino, Andrea del Castagno, Baccio Baldini, Luca Signorelli, Miguel Ángel, Rafael, Bronzino, Vasari...

El primer artista que dejó una ilustración de la *Comedia* fue Sandro Botticelli (Florencia 1445-1510), conocido en todo el mundo por sus cuadros *El nacimiento de Venus* y *La primavera*.

Entre 1480 y 1495, Lorenzo di Pierafrancesco de Medici le encargó cien dibujos para la *Divina comedia*, que Botticelli realizó sobre pergamino. Actualmente conocemos noventa y dos de ellos (no sabemos si los ocho restantes se perdieron o nunca existieron) y el único terminado es el que introduce los cantos del infierno, es decir, *La voragine infernale*, en la que muchos ilustradores posteriores se han inspirado.

El ilustrador más conocido de la *Comedia* en todo el mundo es seguramente el pintor y grabador francés Gustave Doré (1832-1883). La gran capacidad de Doré de manejar el blanco, el negro y los claroscuros, junto con su fantasía inagotable, hizo de él una referencia iconográfica muy importante que condicionó no solo a ilustradores posteriores de la *Comedia*, sino también a grandes directores cinematográficos de los siglos xx y xxi, como Georges Méliès.

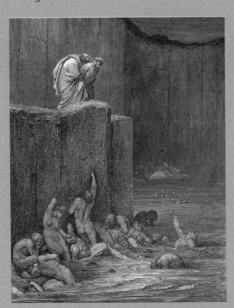

Gustave Doré, *Purgatorio de Dante*, 1870.

Gustave Doré, *Serpiente y maldad*, 1885.

Otro artista es el poeta, pintor y grabador inglés William Blake (Londres 1757-1827), que realizó ciento dos ilutraciones de la obra de Dante. Blake siempre consiguió interpretar con la misma fuerza expresiva la obra de Dante, representando con intesidad tanto las escenas de sufrimiento del infierno como las etéreas escenas de luz del paraíso.

Salvador Dalí (Figueres 1904-1989) en 1963 publicó una famosa edición de la *Divina comedia* en seis volúmenes que contenía cien ilustraciones que mantienen, aunque de forma mitigada, las características de su autor, que creó imágenes que parecen estar suspendidas entre el sueño y la realidad.

Las tablas nacieron así: en 1950, de cara a la celebración del 700 aniversario del nacimiento de Dante Alighieri, que se habría producido en 1965, el Gobierno italiano encargó a Dalí la ilustración de una edición especial de la *Divina comedia*. El artista tardó nueve años en realizar las tablas que se expondrían, por primera vez, en 1960.

Se trata de cien xilografías en acuarela (treinta y tres acuarelas por cada cántica más una introducción), en las que Dalí colocó en el centro de cada tabla a un personaje o un evento especialmente significativo del canto.

William Blake, *El octavo círculo del infierno*, 1824-27.

Salvador Dalí, *El resplandor de Beatriz*, 1960.

Los tercetos encadenados

La *Divina comedia* se volvió muy popular y se la consideró un modelo de perfección poética, no solo por la fuerza simbólica de sus elementos sino también por la lengua y la métrica en la que está escrita: **el terceto encadenado o *terza rima*.**

Este verso, además de mantener el **simbolismo del número 3**, facilita la **fluidez de la escritura y crea un ritmo** agradable que ayuda a mantener viva la atención, sobre todo en poemas largos. Además **favorece la memorización**, algo muy útil para quien escribe, lee, escucha y recita. Y fue una virtud fundamental en una época en la que saber leer y escribir era patrimonio de muy pocos. Durante muchos siglos (e incluso hoy) no era raro encontrar en los pueblos toscanos personas que sabían de memoria cantos completos de la *Comedia*, gracias a la transmisión oral que pasó de generación en generación, ¡también entre los que no se dedicaban a la literatura!

Los tercetos encadenados son grupos de tres versos endecasílabos donde el primero rima con el tercero, y el segundo rima con el primero y el tercero del terceto siguiente, según este esquema:

A mitad del camino de la vida,	A
me hallé perdido en una selva oscura	B
por apartarme de la buena senda.	A
Ay, decir lo que había es cosa dura	B
en esta selva salvaje, ardua y áspera,	C
que en mi memoria el miedo aún perdura.	B
Tan amarga como es la muerte esta era,	C
pero para hablar del bien que encontré	D
diré de otras cosas que allí yo viera.	C

Escultura de Petrarca en Florencia.

Después de Dante, también Petrarca usará los tercetos encadenados en los *Triunfos*, y el terceto dantesco se convertirá en un modelo para toda la poesía italiana posterior.

En castellano se pueden encontrar ejemplos de tercetos encadenados durante el Renacimiento en la obra de Juan Boscán y de Garcilaso de la Vega.

Traducción propia para mantener la rima consonante requerida para el ejemplo.
(N. de la T.)

En medio del invierno está templada   **A**
el agua dulce desta clara fuente,   **B**
y en el verano más que nieve helada.   **A**

¡Oh, claras ondas, cómo veo presente,   **B**
en viéndoos, la memoria d'aquel día   **C**
de que el alma temblar y arder se siente!   **B**

En vuestra claridad vi mi alegría   **C**
escurecerse toda y enturbiarse;   **D**
cuando os cobré, perdí mi compañía.   **C**

Garcilaso de la Vega (*Égloga II*)

Garcilaso de la Vega.

nel mezzo camin di nostra vita ~ mi ritov
ai per una selva oscura, ché la diritta via
era smarita. Ahi quanto a dir qual era è
cosa dura ~ esta selva selvaggia e aspra e forte
che nel pensier rinova la paura! Tant' é
amara che poco è più morte; ma per trattar
del ben ch'i' vi trovai, dirò de l'altre cose.
chi vho scorte. Io non so ben ridir com i
vintrai, tant' era pien di sonno a quel punto ch
e la verace via abbandonai. Ma poi ch'i fui
al piè d'un colle guinto, la dove terminata qu
ella valle che m'avea di paure il core compunto
guardai in alto e vido le sui spalle ~ vestite già
de' raggi del pianeta ~ che mena dritta altrui per
ogni calle. Alor fu la paura un poco queta, che
nel lago del cor m'era dureta la noche chi passa
con tanta pieta. E come quei che con lea af
fannata, uscito fuor del pelago a la riva, si vo

Dante y los números

Dante no solo era poeta, también había estudiado muy bien la Biblia, la filosofía griega antigua (Aristóteles, Platón, Plotino, Pitágoras), la escolástica y la filosofía hebrea, prestando especial atención a la **cábala**, que es la ciencia que estudia los significados y los símbolos que esconden los textos sagrados. Durante su aprendizaje se apasionó por la **numerología**, el estudio del significado de los números, y aplicó constantemente este simbolismo en sus obras.

Los números que más se repiten en la obra de Dante son el 1, el 3, el 7, el 9 y el 10:

El número **1** representa **la plenitud**, **lo absoluto** y a **la divinidad**. El 1 se entiende como el origen de todas las cosas y, por lo tanto, también es el símbolo de Dios, creador del universo.

El número **3** es el símbolo de la **Trinidad cristiana**. También hace referencia a la perfección divina y al conocimiento.

Aparece en muchos elementos de su obra:

- Dante cruza **3 reinos**: infierno, purgatorio y paraíso.
- Durante su viaje lo acompañan **3 guías diferentes**: Virgilio (que representa la razón), Beatriz (emblema de la fe y de la gracia) y San Bernardo (símbolo del ardor místico).
- En **el infierno**, Dante se encuentra con **3 fieras** (un lince, una loba y un león) y cruza **3 ríos** (Aqueronte, Estigia y Flegetonte). Y Lucifer tiene **3 caras**.
- Al **purgatorio** se accede a través de **3 escalones** de colores, y las almas del purgatorio están divididas en **3 grupos**:
  los que dirigieron su amor a un objeto errado, los que estuvieron poco predispuestos al bien y los que amaron demasiado los bienes mundanos.

También en lo que respecta a la figura divina no podía faltar el número 3. Cuando Dante, al terminar una oración, consigue ver a **Dios**, lo describe como **una gran luz de 3 círculos de 3 colores diversos**: blanco, rojo y verde.

El número **7** indica la **perfección humana**. Tiene muchos significados relacionados con la esfera religiosa tomados de la Biblia.

- **7** son los **días de la creación** narrada en el Génesis.

- **7** son los **pecados capitales** (soberbia, gula, avaricia, ira, lujuria, pereza y envidia).
- **7** son las **virtudes** que el hombre debe poseer (4 cardinales: prudencia, justicia, fuerza y templanza + 3 teologales: fe, esperanza y caridad).

Pero también hay otros elementos que siguen el esquema del 7:

- **7** son los **días de la semana**.
- **7** son los **planetas** del sistema solar ptolemaico (Luna, Mercurio, Venus, Sol, Marte, Júpiter y Saturno).

El número **9** (que también es 3 al cuadrado) representa **el cambio** y **la invención**. Es el número anterior al 10, que, como veremos, indica la totalidad. Por ejemplo:

- Los **círculos del infierno** son **9**.
- Las **áreas del purgatorio** son **9** (playa + antipurgatorio + 7 cornisas).
- Los **cielos** son **9** (Luna, Mercurio, Venus, Sol, Marte, Júpiter, Saturno, estrellas fijas y primer móvil).
- Las **jerarquías angelicales** son **9**.

El número **10** es el símbolo de **la totalidad**. Se remonta al sistema decimal y, desde un punto de vista religioso, está ligado al número de mandamientos que Dios dio a Moisés en el monte Sinaí. También aquí vemos algunas de las simbologías que están presentes en la *Comedia*. Por ejemplo, todas las áreas que hemos visto antes relacionadas con el número 9, al añadir otro elemento, llegan a 10, es decir, a la perfección:

- Los círculos del infierno son 9 + el anteinfierno = **10**.
- Las áreas del purgatorio son 9 + el paraíso terrenal = **10**.
- Los cielos son 9 + el empíreo = **10**.
- Las jerarquías angelicales son 9 + Dios = **10**.

Si ahora quisiésemos divertirnos, podríamos ver cómo los números se entrelazan entre sí. Por ejemplo: la obra está formada por 100 cantos (100 = 10 × 10) divididos en 3 cánticas, cada una de las cuales está ambientada en uno de los 3 reinos del más allá, con el siguiente esquema: infierno 1 (introducción) + 33 cantos, purgatorio 33 cantos y paraíso 33 cantos.
Por lo tanto 1+33+33+33=100
Si os gusta jugar con los números, ¡hay mucho con lo que divertirse!

El cosmos de Dante

Entre tradición e innovacion

Dante, poeta y filósofo, muestra en su poema una capacidad particular de inventar símbolos capaces de hablar a todo el mundo, en cualquier época y territorio. Para hacer esto, auna elementos de las teorías de Aristóteles y la tradición escolástica, es decir, las relacionadas con la filosofía de Tomás de Aquino. En concreto, la idea de la Tierra como centro del universo y la del infierno como un mundo subterráneo. Sin embargo, del purgatorio, en aquellos tiempos, se tenía una idea indefinida y, sobre todo, ¡no existía ninguna representación iconográfica! Por lo tanto, tal y como aparece en la *Comedia*, es una verdadera invención de Dante, y condicionó el imaginario de artistas posteriores.

Domenico di Michelino, *La Divina Commedia illumina Firenze*, Florencia, 1465.

La cosmología medieval

Claudio
Ptolomeo

Tomás
de Aquino

El sistema ptolemaico

¿Cómo se imaginaba Dante la **Tierra**? Como los hombres de su tiempo, como una esfera móvil en el centro del universo (sistema geocéntrico). Esta esfera estaba dividida en dos hemisferios: uno habitado (boreal o septentrional) y uno ocupado solo por agua (el austral o meridional). Esta idea se remonta al astrónomo egipcio **Claudio Ptolomeo** (siglo II d.C.) y fue aceptada posteriormente por **Tomás de Aquino** y la escuela de pensamiento que derivó de este (la escolástica), y se convirtió así en la **visión cosmológica dominante durante la Edad Media**. Será necesario llegar a principios del siglo XIV para pasar del sistema ptolemaico geocéntrico al heliocéntrico (es decir, con el Sol en el eje del universo) o copernicano, por el nombre del astrónomo Nicolás Copérnico, que fue el primero en teorizarlo.

Ptolomeo explica astronomía.

El viaje de Dante

El de la *Comedia* es el viaje de un hombre que representa a toda la humanidad, que va del pecado a la redención.

Es un viaje simbólico, de abajo arriba y de la oscuridad a la luz.

Empieza en el **infierno**, que Dante sitúa en el hemisferio austral, bajo Jerusalén, y llega al **paraíso**, que se distribuye en nueve esferas concéntricas en movimiento, más el empíreo, la décima esfera móvil, donde reside Dios con los ángeles y los beatos.

Hasta aquí, el cosmos dantesco pone en práctica la cosmología ptolemaica y la filosofía de Santo Tomás.

La novedad reside en que, para ir del infierno al paraíso, se pasa por la montaña del **purgatorio** (reino de la purificación y de la esperanza) que, a diferencia de los otros dos reinos, no representa una condición eterna, sino provisional, que no tendrá razón de ser cuando llegue el Juicio Final. Es evidente cuánto se asemeja el purgatorio a la vida del hombre sobre la Tierra, donde, con base en las decisiones que se toman, podemos condenarnos o salvarnos para siempre.

Dante conecta el origen de la montaña del purgatorio con el del abismo del infierno. Lucifer, cuando se revela, cae del paraíso hasta el centro de la Tierra, donde permanece incrustado. Ante su caída, la Tierra, para evitar entrar en contacto con él, se retira y se abre, creando el abismo del infierno. Esa misma tierra que al abrirse ha dejado espacio al abismo del infierno, resurge en el hemisferio austral (en posición diametralmente opuesta), dando origen a la montaña del purgatorio, que, por lo tanto, tiene exactamente las mismas dimensiones que el abismo que la originó.

En esta génesis del purgatorio se comprende la relación entre la purificación y el pecado (que tiene las mismas proporciones que el recorrido de purificación, y que hay que atravesar por completo antes de llegar a emprender el camino de la penitencia…).

Pero Dante añade aún algo más: la montaña del purgatorio, que tiene en la cima el paraíso terrenal. De esta forma, se convierte también en la base desde la que se parte para llegar a Dios y alcanzar la salvación, ascendiendo a través de los diversos cielos.

Una geografía perfecta donde se avanza «por niveles» y donde cada espacio indica el significado del recorrido y los avances conseguidos, ¡como si fuera un videojuego de hoy en día!

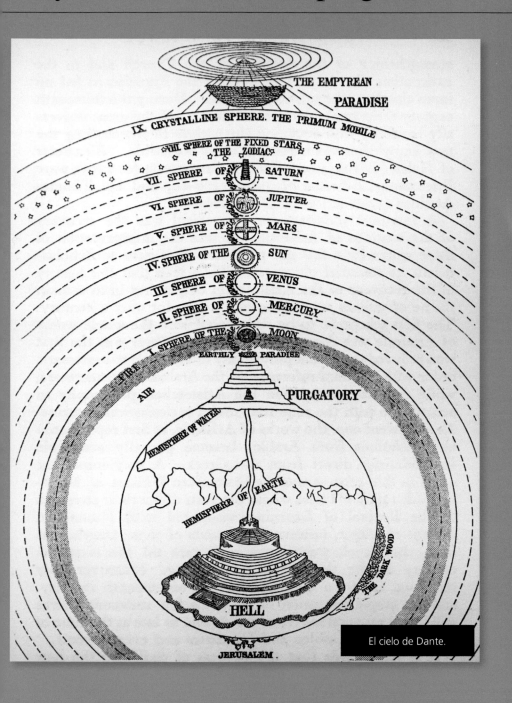

El cielo de Dante.

Los cielos de Dante

Para Dante, la Tierra está rodeada por nueve esferas concéntricas que giran una dentro de la otra y que están, a su vez, en el interior de la décima esfera que permanece inmóvil. Los nombres de los nueve cielos son: Luna, Mercurio, Venus, Sol, Marte, Júpiter, Saturno, cielo de las estrellas fijas y cielo cristalino o primer móvil.

Los primeros siete contienen cada uno al planeta homónimo (también el Sol); el octavo contiene las estrellas fijas y las constelaciones; el noveno, denominado cristalino porque es transparente, con su movimiento transmite la rotación al resto de los cielos subyacentes.

Como ya os habréis dado cuenta, hay números y estructuras que se repiten constantemente en la disposición del cosmos de Dante y que en esa repetición consiguen dar la vida a un mundo y a un poema inmortal.

Gustave Doré, *El círculo de ángeles paradiso*, 1870.